CLEMICE PETTER

AUTOCONHECIMENTO TERRA SEM CAMINHO

Impressões sobre a UNIDADE
a partir do legado de JIDDU KRISHNAMURTI
e de vivências na SOCIEDADE TEOSÓFICA

Pró Consciência®

Autoconhecimento - terra sem caminho © 2023

Título original em inglês: *Pathless Land*, 1a edição, 2022.

Direção Editorial: Lívia Borges
Coordenador do Conselho Editorial: Marcos de Araújo
Tradução: Clemice Petter
Revisão: Pró-Consciência
Diagramação e capa: Madalena Araújo | Madesigner

Dados Internacionais de Catalogação na Publicação (CIP)
(Câmara Brasileira do Livro, SP, Brasil)

Petter, Clemice
Autoconhecimento : terra sem caminho : impressões sobre a unidade a partir do legado de Jiddu Krishnamurti e de vivências na Sociedade Teosófica / Clemice Petter ; [tradução da autora]. -- Brasília, DF : Pró-Consciência, 2023.

Título original: Pathless land.
Bibliografia.
ISBN 978-65-86485-20-2

1. Autoconhecimento 2. Espiritualidade 3. Krishnamurti, Jiddu, 1895-1986 4. Teosofia I. Título.

23-173421 CDD-158.1

Índices para catálogo sistemático:

1. Autoconhecimento : Psicologia aplicada 158.1

Tábata Alves da Silva - Bibliotecária - CRB-8/9253

Editora
www.proconsciencia.com.br
Email: info@proconsciencia.com.br
@proconsciencia

SUMÁRIO

INTRODUÇÃO

Desde criança sentia que havia algo que eu deveria encontrar, porém não sabia definir o que estava buscando, mas o sentimento de urgência em encontrá-lo era uma constante. A pressão interna era tanta que toda vez que ouvíamos falar da morte de alguém, havia aquela pressão para achar sem demora, pois o dia da morte física não deveria chegar antes de encontrá-lo. Essa inquietação interior nos levou ao encontro de muitos grupos de estudos filosóficos, religiosos ou psicológicos, sem encontrar a resposta.

Foi em 2008, depois de muito cansaço e falta de esperança, que um amigo me presenteou com um pequeno livro escrito por J. Krishnamurti quando ele era apenas um menino de 14 anos — o conhecido livro *Aos Pés do Mestre*. Após a leitura do livro, indagamos se havia outros livros escritos pelo mesmo autor; nossa amiga nos disse que havia, mas não eram bons, pois segundo ela, mais tarde Krishnamurti teria negado os mestres. Nesse momento sentimos que aqueles eram os livros que deveríamos ler, então perguntamos se nossa amiga teria algum exemplar. Ela disse que sim e me deu alguns. De posse de três livros, fui para casa e imediatamente comecei a ler *O que Você está Fazendo com sua Vida?* Depois de ler a primeira linha, pulei do sofá e gritei: "Achei! Achei! Não acredito que encontrei o que estava à procura por tantos anos!"

O primeiro livro foi lido de uma só vez, das 17h às 3h da manhã seguinte, e os outros dois livros também foram lidos nos dias que se seguiram. Depois de lê-los, indaguei se ela tinha mais livros, porém ela não tinha, mas informou que a Sociedade Teosófica em Brasília, capital do Brasil, onde eu residia, realizava grupos públicos de estudo sobre a obra de Krishnamurti todos os sábados, das 14h30 às 16h. E foi assim que conheci a Sociedade. Os livros de Blavatsky não eram novidade para mim; havia lido *A Voz do Silêncio* e também conhecia o *Dhammapada* budista e o texto hindu *Bhagavad Gītā*.

Depois de ingressar no grupo de estudo de Krishnamurti, também começamos a estudar as *Cartas dos Mahatmas* para A. P. Sinnett e logo ficou claro que os ensinamentos originais da Sociedade e os de Krishnamurti são um e o mesmo — a Unidade da vida. O presente livro é uma tentativa de compartilhar essa percepção com os leitores de forma lógica por meio de uma série de artigos, que reúnem o que a mente tenta separar. É uma tragédia humana que - embora falemos de Unidade, amor e compaixão - na vida cotidiana continuamos dividindo.

Assim, este livro é derivado de uma série de artigos escritos entre os anos de 2015 a 2021, publicados pela revista mensal *The Theosophist*, impressa pela Sociedade Teosófica. Durante o período em que morei s na Sede Internacional da Sociedade em Chennai, Índia, dediquei os últimos sete anos à compreensão dos ensinamentos perenes de diversos grandes sábios que viveram para o benefício da humanidade.

Para facilitar o entendimento do leitor sobre as impressões desenvolvidas ao longo dos anos, os capítulos seguem a ordem cronológica. A intenção de publicar este livro é compartilhar algumas reflexões sobre o trabalho da Sociedade Teosófica e de Krishnamurti. Atraída para a Sociedade através dos ensinamentos de Krishnaji e sentindo que não há diferença entre eles, passei a me dedicar ao estudo dos ensinamentos e da história da Sociedade, juntamente com os ensinamentos transmitidos por Krishnamurti. No entanto, essas impressões não são uma tentativa de convencer ninguém, nem de promover ideias; são antes um compartilhamento aberto de percepções que podem ser de interesse para aqueles que apreciam um compartilhar entre amigos.

Clemice Petter

Somente quando há amor, a qualidade da compaixão surge, e a responsabilidade é seu subproduto.

CAPÍTULO 1
COMPAIXÃO E RESPONSABILIDADE UNIVERSAL

Em um mundo em chamas, onde cada um se sente separado dos outros, onde crianças são negligenciadas, onde todo o tipo de crueldade acontece e poucos estão cientes da urgência de mudança, pede-se que se fale sobre compaixão e responsabilidade universal. É um mundo estranho; aqueles que criam desordem são os mesmos que se sentem desconfortáveis em um mundo desordenado.

A maior tragédia dos seres humanos é que demonstramos ser incapazes de ver as consequências do que fazemos. Há uma imensa destruição desta incrível Terra, com todo o sofrimento que isso gera, e os seres humanos parecem não estar dispostos a entender suas implicações. Talvez não queiramos nos dar ao trabalho de mudar nosso modo de vida, o que implicaria abandonar o consumismo, quebrar a casca de uma visão egocêntrica e ser um com a Natureza e com tudo o que vive, afinal compartilhamos a mesma Mãe e Pai. A Mãe sendo a Terra, gostemos ou não, uma vez que todas as criaturas são compostas pelos elementos da Terra; o Pai, o Divino em nós, aquele que anima o corpo físico. Podemos lhes dar o nome preferido. Diferentes culturas o chamam por nomes diferentes[1], mas o rótulo dado não muda o princípio Divino que habita em cada um de seus filhos. De alguma forma o ser humano tem nutrido a sensação de estar no topo da escada evolutiva, uma sensação de ser mais evoluído que outras espécies. Com tal crença nunca questionamos a forma como nos relacionamos com aqueles que deveríamos proteger e ajudar nessa longa jornada rumo à autorrealização.

O que diríamos se os pais deixassem os filhos mais novos na confiança dos mais velhos, esperando que estes cuidassem e ajudassem os pequenos, mas ao chegarem em casa os encontrassem maltratados por aqueles a quem deveriam ajudar e cuidar? Este pode ser o cenário na Terra: nossos irmãos e irmãs mais novos (os reinos mineral, vegetal e animal) nos são confiados para serem cuidados e é esperado que sejamos capazes de viver em harmonia com eles no mesmo lar - a Terra. Mas não apenas maltratamos nossos irmãos mais novos, como também incendiamos a casa.

---

1 Proclamado pelo *Rig Veda* há milênios. Nota da ed. bras.

A exploração tem sido a marca da presença humana neste planeta. Foi aceita como parte do comportamento humano, e poucos questionam tal conduta destrutiva. Os humanos parecem sentir que é natural explorar a Natureza; há esse sentimento de que a Natureza tem que se curvar à vontade do homem. É fácil esquecer que os humanos são parte da Natureza, não estão acima dela. E há o terrível sofrimento que vem com a exploração do homem pelo homem, como vem acontecendo há milênios. Mudou seus caminhos, tornou-se mais sutil e, apesar de todo o avanço tecnológico, ainda é muito forte em todas as sociedades – os fracos sendo explorados pelos fortes. Isso não vai mudar através de leis, ou de reformas sociais. Afinal, nenhuma lei é capaz de mudar o coração do homem. Leis são incapazes de abrandar um coração que não conhece o amor. Acreditamos que as leis possam cuidar dessa falta de crescimento interior, porém, se houvesse amor no homem, viveríamos em uma sociedade bem diferente; haveria paz na Terra e talvez não precisássemos de tantas leis. Isso é bastante óbvio.

Leis são incapazes de abrandar um coração que não conhece o amor.

Portanto, antes de ousarmos falar sobre compaixão e responsabilidade, precisamos entender o que significa ter amor em nossos corações. Temos amor quando julgamos os outros? Sabemos o que acontece quando julgamos? O fazemos porque achamos que sabemos o que é certo e errado, e como os outros devem se comportar. Significa que cristalizamos uma fórmula, e com esse monstro seguimos na vida, sem ver nada além dessa pedra cristalizada no coração, matando qualquer possibilidade de amor, compaixão ou responsabilidade. A única coisa que fazemos é espalhar a infelicidade, e do que uma pessoa infeliz é capaz, pode ser visto e ouvido nos noticiários todos os dias. Julgamos porque não entendemos, então rapidamente criamos uma fórmula a ser aplicada em todos os lugares e com todas as pessoas pelo resto de nossas vidas. Isso faz com que a mente gradualmente perca a capacidade de permanecer jovem, fresca; nunca sendo renovada. Ficando cada vez mais rígida. Pode-se ver como isso acontece, particularmente em pessoas mais velhas que perdem a capacidade de se relacionar com jovens, incapazes de aceitar mudanças.

Infelizmente, faz parte da natureza humana falar sem parar sobre uma coisa ou outra, sem nunca trazê-las para o dia a dia. Talvez essa hipocrisia tenha nos levado ao estado em que estamos. Pregar e esperar que outros o façam provou ser inútil. Afinal, foram inúmeras as reuniões ao redor do globo para tratar dos problemas ambientais, onde todos os países estiveram representados e discutiram a necessidade de mudar o rumo para minimizar o aquecimento global, mas ainda assim estamos onde estamos! Pouco foi feito. Não há necessidade de entrarmos nisso, todos sabem o que está acontecendo. Novamente, ninguém faz o que é necessário porque cada um espera que os outros o façam. Parece haver relutância em abrir mão de qualquer vantagem que se acredite ser de direito, sem perceber um fato simples: quando a casa está pegando fogo, não há mais lugar seguro. O destino será o mesmo para todos os habitantes.

> Quando a casa está pegando fogo, não há lugar seguro.
> O destino será o mesmo para todos os habitantes.

A estupidez humana é tal que, para que se encerre uma guerra, uma nova é criada. Há quem diga: "A guerra é um mal necessário". Ao se sentir assim, estamos contribuindo para toda a miséria que vem com as guerras. Há quem fabrique e forneça armamentos para outros países. Hoje mandam armamentos, amanhã enviam soldados para combater os mesmos países que contribuíram para armar. É inacreditável, mas está acontecendo.

Há quem diga: Não somos assim, trabalhamos pela paz. Então a pergunta é: 'Você está vivendo em paz? Você sabe o que é estar em paz? Se não, você está enganando a si mesmo. Ninguém pode trabalhar pela paz se não estiver vivendo em paz dentro de si mesmo. É como tentar limpar a casa com os pés sujos, sem perceber que os pés estão pesados de lama e à medida que andamos espalhamos lama pela casa que pretendemos limpar.

A Sociedade Teosófica[2] foi dada à humanidade não apenas para enxugar nosso choro, sobretudo, mais importante, para garantir que não haverá lágrimas a serem enxugadas; para ajudar o homem a compreender a natureza destrutiva do 'eu' e do 'meu', e chegar à sabedoria. Para isso, precisamos deixar de lado o sentimento de separação, e também é muito importante que saibamos com quem cooperar, para que possamos manter esse presente tão precioso.

---

2 A Sociedade Teosófica foi fundada em 1875, em Nova Iorque, por Helena Blavatsky e Henry Steel Olcott, e em 1905, a sede internacional foi estabelecida no bairro de Adyar, na cidade de Chennai, Índia Seu propósito será aprofundado no Capítulo 3. Nota da ed. bras.

> Não há necessidade de pedir a alguém que conheça o amor para ser compassivo, porque ele próprio se tornou amor.

Amor e compaixão andam juntos. Não há necessidade de pedir a alguém que conheça o amor para ser compassivo, porque ele próprio se tornou amor. Dessa forma, quando o amor existe, naturalmente, vem a responsabilidade. No amor não há separação como "eu" e "você". Se apenas conhecemos as coisas pelos olhos do "eu" e do "meu", obviamente o que pensamos ser amor não pode ser. Estamos acostumados a imaginar o amor como uma coisa emocional, então assumimos que o amor sempre será da maneira como o fantasiamos. Mas não é assim. O amor verá claramente o que é necessário em cada momento, não de acordo com as emoções ou desejos particulares de cada um, mas de acordo com a necessidade real daquela situação específica. Algumas situações exigem ação forte, e é da natureza do amor fazer o que é necessário. É como o cirurgião que, para curar o paciente, precisa operar. Às vezes, o médico não tem certeza se o paciente sobreviverá ou não, mas mesmo assim, ele sabe que é isso que deve ser feito. Se o médico se envolver emocionalmente, não será um bom cirurgião.

> É da natureza do amor fazer o que é necessário.

O mais perigoso é pensar "eu sei o que é o amor". Enquanto houver o "eu" que pensa saber, o amor não pode existir, e essa separação entre o 'eu' que sabe e outros que não sabem gera crueldade. Isso ficou muito claro no mundo. Crueldades tem acontecido ao longo dos séculos em todas as chamadas organizações religiosas, com todos os seus conjuntos de crenças e abordagens dogmáticas da vida.

Porque não conhecemos o amor, pensamos que é o oposto do ódio, o que não parece ser verdadeiro. No amor não há autoproteção, ganho, medo de perder, nem mágoa. Somente quando há amor, a qualidade da compaixão surge, e a responsabilidade é seu subproduto. Sem amor, independente do que fizer, não haverá responsabilidade. A responsabilidade não é algo que você pode impor aos outros ou a si mesmo. Se o fizer, torna-se um peso. Dessa imposição vem a infelicidade com toda a sua miséria que conhecemos tão bem. Mas porque a imposição tem sido o caminho, pois o homem, mesmo depois do longo período de evolução na Terra, não conheceu o amor. Sabemos bem as consequências.

Basta ver as estatísticas, onde fica exposto que é em casa, no silêncio do lar, onde se espera que as crianças sejam cuidadas, é lá que muitas vezes são abusadas psicológica, emocional e fisicamente por aqueles que deveriam ser responsáveis por seu bem-estar. A violência doméstica é responsável por grande parte das ocorrências policiais, e sabe-se que a maioria das violências domésticas são denunciadas. Nenhuma lei foi capaz de resolver esse grave problema.

Para se sentir responsável é preciso ser sensível; ser responsável significa cuidar sem o sentido do "eu". Quando o "eu" é aquele que cuida, significa que existe o meu jeito de cuidar e de acordo com esse jeito eu cuido. Mas quando não há o "eu", a única coisa que resta é o cuidado. O zelo traz em si uma qualidade diferente de olhar para a vida.

Como poderemos ver o que realmente está acontecendo, se estamos preocupados apenas com nossa própria forma de ver a vida? Isso significa que não estamos realmente abertos para olhar, porque nossas próprias conclusões estão no caminho como empecilhos, e elas são a única coisa que somos capazes de ver, assim matamos a sensibilidade. A responsabilidade está enterrada sob o pesado fardo de ontem, o conhecimento acumulado, que se torna respostas prontas usadas com frequência quando nos deparamos com desafios na vida.

Como poderemos ver o que realmente está acontecendo, se estamos preocupados apenas com nossa própria forma de ver a vida?

Para viver com o perfume da vida — o perfume do amor, compaixão e responsabilidade —precisamos ser livres. Afinal, o amor só pode existir em liberdade.

Krishnamurti estava certo quando em seu leito de morte, depois de perceber que ninguém havia entendido o que ele estava falando, disse: "Vocês não sabem o que perderam."

CAPÍTULO 2
KRISHNAJI

Falar de J. Krishnamurti é um prazer, um desafio e uma grande responsabilidade. É fácil falar de alguém que amamos. E o desafio nesse caso é que não vamos falar sobre uma pessoa comum. Vamos falar sobre alguém que trouxe nova luz, nova compreensão e novos ensinamentos ao mundo.

Krishnaji foi o oitavo filho de Jiddu Narayanaiah e Sanjeevamma, uma família brâmane do sul da Índia, em 11 de maio de 1895. Sua mãe era dotada de poderes psíquicos, como o mencionado na biografia de Krishnamurti escrita por Mari Lutyens, quando sua filha morreu, ela costumava vê-la na casa da família. Sendo uma pessoa sensível, quando estava grávida, aguardando o nascimento de Krishnamurti, ela sentiu que aquela criança seria especial e quando as dores do parto começaram, acomodou-se no quarto usado para o ritual de puja, onde Krishnamurti nasceu. Sanjeevamma faleceu quando Krishnamurti tinha dez anos e depois dessa perda a família passou por momentos difíceis sem uma figura feminina para cuidar das crianças na família.

Quando o pai de Krishnamurti veio trabalhar na sede da Sociedade Teosófica em Adyar, Krishnamurti era um adolescente com muitos problemas de saúde como resultado de várias crises de malária. A vida escolar não era fácil para o menino, os professores costumavam bater-lhe por causa de seu estado de espírito vago e sonhador. Quando Annie Besant[3] o adotou junto com seu irmão Nithya, Krishnamurti não parecia ter um futuro promissor, mas contra muitos, Annie caminhou com firme e resoluta na convicção de que ele era o escolhido para cumprir a profecia de Madame Blavatsky[4], que traria nova luz e novos ensinamentos para a humanidade.

---

3 Annie Wood Besant (1847-1933), nasceu em Londres. Foi escritora e defensora dos direitos das mulheres e das classes desfavorecidas e lutou pelo fim do casamento infantil na sociedade hindu. Foi a segunda presidente da Sociedade Teosófica Internacional, pelo período de 1907-1933. Besant conviveu diretamente com M. Blavatsky por dois anos, sendo orientada por esta para procurar o Instrutor que, segundo ela, estava prestes a nascer para trazer novos ensinamentos à humanidade. No período de sua presidência, Annie Besant transformou Adyar de um pequeno terreno de 25 hectares para 250 hectares atuais. Ver capítulo 16.

4 Helena Petrovna Blavatsky (HPB) (1831-1891), foi uma escritora russa e cofundadora da Sociedade Teosófica. Conhecida como Madame Blavatsky, possuía dons psíquicos incomuns. Um de seus livros mais relevantes é *A Voz do Silêncio*. Nota da ed. bras.

Annie Besant foi pessoalmente instruída por Madame Blavatsky sobre o propósito da Sociedade Teosófica, ela disse a Annie que, em um intervalo de 2.000 anos, a humanidade recebe novos ensinamentos e que era tarefa da Sociedade fundada por ela, acolher e apoiar o trabalho do novo professor. Assim que Annie Besant se tornou a Presidente da Sociedade, começou a procurar por alguém para cumprir a tarefa que lhe foi dada por Blavatsky.

A expectativa criada em torno de Krishnamurti não corrompeu seu coração e quando chegou a hora de andar pelo mundo e falar sobre novos ensinamentos, ele o fez de maneira majestosa. Ele renunciou a todas as ideias lisonjeiras e predefinidas sobre seu papel. Era fiel a uma única coisa: ao compromisso que assumiu em 1929, quando disse que a verdade é uma terra sem caminhos e que seu único compromisso era o de libertar o homem de modo total e absoluto.

Krishnamurti não se comprometeu para se encaixar nas expectativas e ideias preconcebidas criadas pela vaidade e um senso de "escolhidos.", que lentamente se desenvolveu entre a maioria dos que o cercavam. Renunciou, não ao papel de professor, mas, ao papel criado por ideias fixas criadas por aqueles que achavam saber o que seria o novo. A beleza de sua jornada não pode ser descrita em palavras, é preciso vê-la com o coração.

A ex-presidente da Sociedade Teosófica, a Sra. Radha Burnier[5], disse em uma palestra dada em 1994 na Loja Adyar, que Krishnaji era um mistério:

> *Acho que ninguém que entrou em contato com ele realmente o conhecia como ele era; havia profundidades nele que ninguém parecia tocar. O sentimento mais forte que tive com ele foi que, interiormente, ele não pertencia a este mundo. Ele era como um peixe fora d'água em várias situações.*

---

5 Radha Burnier (1923-2013), nasceu em Adyar, Índia. Teve formação acadêmica notável, foi atriz do cinema indiano e dançarina da Fundação Kalakshetra. Ela era filha de Nilakanta Sri Ram, o quinto presidente da Sociedade Teosófica, e se juntou à ST em 1935. Posteriormente, foi a sétima presidente da Sociedade pelo período de 1980-2013, sendo a presidente que mais tempo permaneceu no cargo. Veja a palestra sobre "O Caminho do Autoconhecimento, de Radha Burnier", sob a perspectiva da autora Clemice Petter. Nota da ed. bras.

Nesse sentido, Krishnamurti e Adyar têm a mesma natureza, não há dúvida de que ele é o Filho amado de Adyar. Embora geograficamente localizada nesta terra, Adyar é um lugar que não pertence a este mundo. Como disse Krishnamurti: "Este lugar tem uma presença que não se sente em nenhum outro lugar do mundo." Radhaji considerava o campus de Adyar um ashram. Mas chamar Adyar de ashram não é suficiente; esse é um 'lugar' único com um espírito próprio. Um espírito que, como Krishnamurti, não é deste mundo. É um lugar que não conhece raça, nacionalidade ou divisão de classe; não mostra preferências, não tem conhecimento algum sobre gostos e desgostos pessoais, e assim por diante. E não sendo deste mundo, tem uma atmosfera, uma energia única e delicada que precisa ser preservada viva. Para manter vivo o espírito de Adyar, precisamos cuidar dele. Espera-se que todos estejam cientes da natureza sagrada deste lugar, do tipo de cuidado que requer e da total importância de tal lugar no mundo. Espera-se também que todos estejam cientes da responsabilidade de manter esse espírito vivo. Cada um dos membros é responsável por manter a sacralidade de Adyar.

A mensagem de Krishnamurti para este mundo caótico é de Amor e Ordem. Ele costumava dizer: "Precisamos colocar a casa em ordem.." Ele também disse: "Só o amor leva à ação correta. O que traz ordem ao mundo é amar, e deixar o amor fazer o que quiser." Como é difícil para a mente, que é a própria desordem, entender quando se fala fora de ordem! Quão difícil é, quando não se conhece o amor, ver a absoluta necessidade dele. Então, talvez fosse natural que no início as pessoas não estivessem prontas para ouvi-lo. As pessoas não foram capazes de abandonar suas crenças e expectativas e olhar para ele sem o fardo do passado.

Em março de 1986, um mês após o falecimento de Krishnaji, a Sociedade Teosófica lançou uma edição especial do *The Theosophist*, dedicada a Krishnamurti. Nele Radhaji escreve:

> *A conexão entre J. Krishnamurti (Krishnaji, como era carinhosamente conhecido) e a Sociedade Teosófica foi quebrada, não porque ele partiu - como muitos membros acreditam — mas porque as pessoas não estavam prontas para ouvir uma mensagem profunda dada em termos que não estavam acostumados. Não é a primeira vez que isso acontece. Os judeus não deram ouvidos a Jesus quando ele veio ensinar. A maioria dos hindus não respondeu por muito tempo ao que o Buda tinha a dizer. A maioria das pessoas gosta de se voltar aos seus pensamentos costumeiros, seus hábitos, suas teorias e ideias*

convenientes, mesmo quando estas são sacudidas, pois a mudança radical é difícil e "inconveniente". Mas, tudo o que é profundo é radical. A verdade não pode contemporizar e comprometer, e nós gostamos de comprometer e ter o melhor dos dois mundos. Nas Cartas dos Mahatmas, fica muito claro que aquele que é sério sobre o Caminho deve abandonar todos os seus modos de pensar e suas ações habituais. Assim, os membros da Sociedade Teosófica deveriam estar preparados para ouvir uma nova mensagem. Mas quando Krishnaji começou a falar de maneira radical, muitos não conseguiram ouvir.

Então hoje, a pergunta é: depois de quase noventa anos, quão sérios somos? Ainda hoje há pessoas que pensam que Krishnamurti negou os Mestres. Mas, na verdade, o que Krishnaji fez foi algo que os teosofistas foram solicitados a fazer em 1900[6], e que se recusam a fazê-lo. E ele o fez de maneira bela e definitiva. Ele parou de falar sobre os Mestres. E, novamente, muitos não puderam ouvir. Então surge a pergunta: Será que alguma vez ouvimos alguma coisa? Ou seguimos continuando a fazer apenas o que é conveniente, o que não perturba o ninho confortável, construído por nossas crenças e conclusões?

Em seu artigo, Radhaji continua de maneira bela, a explicar o que aconteceu quando Krishnamurti começou a falar de forma inesperada. E não poderia ter sido diferente. Ele tinha que falar assim, porque se fosse para falar sobre algo já conhecido, qual seria a necessidade de sua vinda? Se eu acho que sei quais são os ensinamentos e como eles vão ser apresentados, então eu sou o professor, não demandaria outra pessoa. Mas se estou esperando que alguém ensine, é porque eu mesmo não sei. Por essa razão se presumia que o Mestre trouxesse algo novo — ainda não conhecido. Isso é lógico e óbvio, e a Sociedade Teosófica aguardava novos ensinamentos, o que significa que os ensinamentos da Sociedade Teosófica para o mundo não estão completos com o trabalho de Blavatsky. E isso fica claro quando a própria Blavatsky escreve em *A Chave Para a Teosofia:*

Se a presente tentativa, na forma de nossa Sociedade, for mais bem-sucedida do que seus predecessores, então existirá como um corpo

6 Em 1900 Annie Besant recebeu a última carta enviada pelos mestres de sabedoria, nela a ST era advertida: "A S.T. e seus membros estão lentamente fabricando um credo. Diz um provérbio tibetano, 'credulidade gera credulidade e termina em hipocrisia'. Nós não pedimos que haja uma adoração de nós mesmos." Pedem que lenta, porem de forma definitiva, o culto aos mestres deveria ser silenciado.

organizado, vivo e saudável quando chegar a hora do esforço do século XX. A condição geral das mentes e corações dos homens terá sido melhorada e purificada pela difusão de seus ensinamentos e, como eu disse, seus preconceitos e ilusões dogmáticas terão sido, pelo menos até certo ponto, removidos. Não só isso, mas além de uma vasta e acessível literatura pronta para as mãos dos homens, o próximo impulso encontrará um corpo numeroso e unido de pessoas prontas para acolher o novo portador da Verdade. Encontrará as mentes dos homens preparadas para sua mensagem, uma linguagem pronta para ele revestir as novas verdades que traz, uma organização aguardando sua chegada, que removerá de seu caminho os obstáculos e dificuldades meramente mecânicos, materiais. Pense no quanto alguém, a quem é dada tal oportunidade, poderia realizar. Meça-o em comparação com o que a Sociedade Teosófica conseguiu nos últimos quatorze anos, sem nenhuma dessas vantagens e cercada por hostes de obstáculos que não atrapalhariam o novo líder.

Aqui Blavatsky deixou claro que a Sociedade Teosófica deveria preparar o terreno para o próximo portador da Verdade. Seu trabalho era "limpar a casa" (a mente da humanidade) de preconceitos e ilusões dogmáticas. Ela insistiu tantas vezes no perigo da cristalização; esperava que pudéssemos manter a ST como um corpo vivo. Se há uma coisa certa, é que precisamos manter uma mente que aprende, uma mente aberta ao novo a cada momento, não uma mente que sabe, porque o momento em que se sabe é o momento da cristalização. E como é dito que a evolução é eterna, nunca saberemos o final, porque parece não haver um "conhecimento" final. Sobre o "conhecimento" Blavatsky disse que o homem que diz que sabe, não sabe, porque não há nada a saber. E Krishnamurti menciona similarmente em suas palestras, sobre o homem que diz que sabe, 'desconfie dele completamente', porque ele não sabe.

Na mesma edição especial do *The Theosophist* de março de 1986, há uma breve citação de Annie Besant:

Quando o grande ensinamento for dado, não será a Teosofia como a conhecemos. Requererá um crescimento da Alma, que no início só podem ser compreendidos fragmentos dela. O que é necessário no mundo para a Reconstrução não é uma Igreja Católica Liberal (LCC), Co-Maçonaria, e assim por diante, mas algo adicional que só Ele pode dar, e o mundo precisará de algo que o Senhor terá que extrair da humanidade, algum novo entendimento.

Quando ela diz: "algo que o Senhor terá que extrair da humanidade", é importante notar que não é algo que o Senhor dará, pois, afinal, cada um tem que trabalhar o seu próprio entendimento. Ninguém na Terra ou no Céu pode nos dar entendimento. Temos que trabalhar duro. Também é importante ver que compreensão não é conclusão; a conclusão vem quando não há entendimento. A conclusão é dura, rígida e morta. A compreensão é leve, viva, em movimento; na compreensão há espaço para crescimento, para maior compreensão. É um processo dinâmico.

Não há palavras para expressar o grande ser humano que foi Annie Besant. Ela estava pronta para o novo. Quando Krishnamurti começou a falar de maneira incomum, ela se sentava aos seus pés durante suas palestras e dizia: 'Quero aprender com você. Você é meu professor." Ela era uma mulher na casa dos oitenta e não se sentava na cadeira reservada para ela perto dele no pódio. Ela se sentava aos seus pés. Isso fala por si, dispensa comentários.

Queremos o novo, porque no fundo sabemos que temos que avançar, e ao mesmo tempo temos medo de abandonar o velho. Esse é o nosso conflito — basicamente estamos com medo. Mas como vamos de um lugar para outro sem sair do lugar em que estamos? Isso é impossível, claro. Para se mover, para viver — e a vida é movimento — precisamos aprender a deixar ir. E para deixar ir, precisamos saber o que estamos segurando. É sobre isso que Krishnamurti fala. Mostra-nos o nosso peso e assinala que para se mover é preciso ser leve, largar todos os fardos; ser nada. Temos que ser nada. Krishnamurti diz: "Feliz é o homem que é nada." E não ser nada é difícil para a maioria das pessoas, porque queremos ser famosos, queremos ser reconhecidos por este mundo enganador. Krishnamurti ensinou de maneira peculiar; ele não dá uma resposta direta; ele ajuda a pessoa a descobrir por si mesma. Ele nos ensina a andar sozinhos; ser uma luz para nós mesmos[7], e a não depender de ninguém.

> Para se mover, para viver — e a vida é movimento — precisamos aprender a deixar ir. E para deixar ir, precisamos saber o que estamos segurando.

7 Ênfase dada por Buda a um discípulo. Nota da ed. bras.

Blavatsky preparou o terreno, limpando a casa de velhas conclusões que deram origem ao dogmatismo e superstições, dizendo-nos: "Há outra maneira de viver, que está além da mente". Ela ressalta: "A mente é a assassina do Real". E Krishnaji chama a atenção para a necessidade de colocar a casa em ordem. Para ir além da mente, precisamos entender seus caminhos, seus mecanismos. Continuar limpando quando a casa já está limpa leva ao fanatismo, ao neuroticismo etc. Depois de remover todas as teias de aranha e poeira, é hora de ter nova ordem na casa. Essa nova ordem é uma nova compreensão da vida, uma nova maneira de viver o dia a dia com nossos vizinhos, com nosso cônjuge e filhos, e com a Natureza. Um modo de vida saudável, com cuidado, respeito e responsabilidade para com todas as formas de vida que convivem conosco neste planeta; incluindo o cuidado e a responsabilidade com o próprio planeta. Essa transformação na vida só acontecerá com a compreensão do que somos, do que realmente somos, e não do que deveríamos ser, que é a projeção da mente confusa.

A transformação na vida só acontecerá com a compreensão do que somos, do que realmente somos, e não do que deveríamos ser, que é a projeção da mente confusa.

Krishnamurti estava certo quando em seu leito de morte, depois de perceber que ninguém havia entendido o que ele estava falando, disse: "Vocês não sabem o que perderam." Em seus últimos dias, quando foi diagnosticado com câncer e o médico queria lhe dar morfina, ele a rejeitou no início, porque não queria que o remédio interferisse na clareza do cérebro. Mas depois de algum tempo ele disse que a dor também iria interferir, então ele concordou em tomar morfina para aliviar a dor. Passados alguns dias, ele disse ao Prof. P. Krishna: 'Senhor, o remédio não interferiu tanto quanto eu pensava que iria interferir, porque o Instrutor do Mundo ainda está aqui.' (*A Jewel on a Silver*)

Há trinta anos, em 17 de fevereiro de 1986, Jiddu Krishnamurti devolveu à Mãe Terra o corpo que por mais de sessenta anos andou sobre a terra segurando um espelho para aqueles que são sérios o suficiente para se olharem. Hoje o corpo se foi, mas o espelho ainda está aqui para aqueles que são fortes o suficiente para encarar o que o espelho revela.

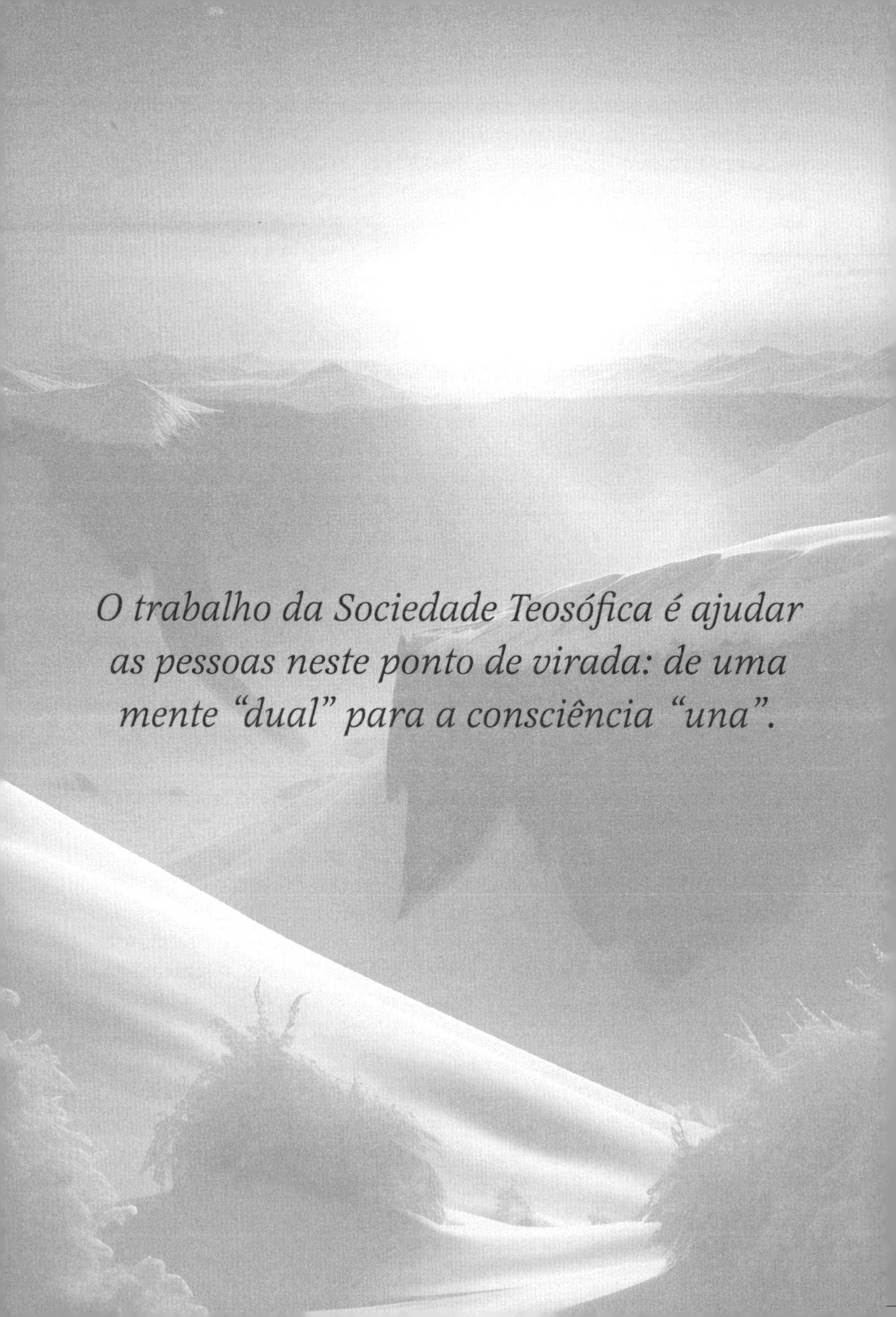

O trabalho da Sociedade Teosófica é ajudar as pessoas neste ponto de virada: de uma mente "dual" para a consciência "una".

CAPÍTULO 3
O TERCEIRO OBJETIVO DA SOCIEDADE TEOSÓFICA

A Sociedade Teosófica (ST) foi fundada em 1875 para ajudar a humanidade a superar a crueldade, o materialismo, a superstição, o dogmatismo religioso e, finalmente, despertar para a sabedoria divina. A tarefa não é fácil, e diz-se que a Teosofia não tem onde pousar o pé neste mundo, que o homem não a quer. Não é surpresa que seja assim porque a mente humana, sendo dual, divide tudo em bom e mau, certo e errado, enquanto que a Sabedoria Divina é integral, não conhece divisão e funciona em unidade. A mente humana é competitiva, agressiva e cruel. A Sabedoria Divina é misericordiosa, cooperativa e sabe com quem cooperar, pois é inteligência. Não cooperará com aqueles que trabalham por motivos egoístas, e o egoísmo pode ser muito sutil. Diz-se também que a humanidade atingiu um estágio em que a transformação da consciência não é apenas possível, mas necessária. H. P. Blavatsky disse que *A Doutrina Secreta* não pode ser compreendida pela mente concreta ou egocêntrica, mas que é a mente transformada que a compreenderá.

Assim, o trabalho da Sociedade Teosófica é ajudar as pessoas neste ponto de virada: de uma mente "dual" para a consciência "una". E, salientamos, é um trabalho delicado. Para realizar esse propósito, a ST começou com três objetivos declarados[8]. "Investigar as leis inexplicáveis da Natureza e os poderes latentes no homem" é o terceiro objetivo declarado. Dos três objetos declarados, o terceiro pode ser o mais incompreendido. Pode ser porque para a maioria das pessoas o desejo de poder ainda seja muito forte, isso mostra que não estão aptas a ajudar a humanidade, que é o que o se espera dos membros da Sociedade Teosófica.

Além disso, a palavra "ocultismo", usada por HPB estritamente como sinônimo da filosofia perene e do autoconhecimento, nunca teve a conotação maléfica dada posteriormente. Agora é mal compreendida e muitos

8 Os três objetivos da Sociedade Teosófica, assim concebidos em sua forma atual em 1896, são: 1) Formar um núcleo da Fraternidade Universal da Humanidade, sem distinção de raça, credo, sexo, casta ou cor. 2) Encorajar o estudo comparativo de religião, filosofia e ciência. 3) Investigar as leis inexplicadas da natureza e os poderes latentes na humanidade. Nota da ed. bras.

pensam que essa palavra se refere a algum tipo de *hocus-pocus*[9] que fará com que aqueles que possuem esse "conhecimento oculto" possam fazer todo tipo de truques. É a ganância dessas pessoas que as faz desejar o conhecimento do que é oculto, não conhecido, esperando obter poderes sobrenaturais, mas não é nessa Sociedade que a ganância pode ser saciada.

É verdade que Blavatsky conhecia as leis da Natureza e tinha alguns poderes, com os quais nasceu. Sabe-se também que ela nunca encorajou alguém a ir atrás de poderes psíquicos; pelo contrário, sempre aconselhou que não vale a pena perseguir tais poderes. Em uma carta à Seção Americana, ela escreveu que o desejo por poderes psíquicos são apenas outra forma de materialismo. Existem certos poderes que vêm naturalmente junto com o desenvolvimento do homem interior. Ter tais poderes antes de se estar pronto, e por pronto queremos dizer altruísta, pode dar causa à destruição. Blavatsky definiu o ocultismo em poucas palavras: ela disse que o Verdadeiro Ocultismo ou Teosofia é a "Grande Renúncia de si mesmo", incondicional e absolutamente, tanto em pensamento como em ação. No pequeno livro *Ocultismo Prático,* ela escreve:

> *Ocultismo não é magia. É relativamente fácil aprender o truque dos feitiços e os métodos de usar as forças mais sutis, mas ainda materiais, da natureza física; os poderes da alma animal no homem logo são despertados; as forças que seu amor, seu ódio, sua paixão podem pôr em ação são prontamente desenvolvidas. Mas isso é Magia Negra – Feitiçaria. Pois é o motivo, e somente o motivo, que faz com que qualquer exercício de poder se torne magia negra, maligna ou branca, benéfica. É impossível empregar forças Espirituais se houver o menor traço de egoísmo remanescente no operador. Pois, a menos que a intenção seja inteiramente pura, o espiritual se transformará em psíquico, agirá no plano astral, e resultados terríveis [desastrosos] poderão ser produzidos por ele. Os poderes e forças da natureza animal podem ser usados igualmente pelos egoístas e vingativos, como pelos altruístas e compassivos; porém, os poderes e forças do espírito se prestam apenas aos perfeitamente puros de coração - e isso é MAGIA DIVINA.*

9 É uma forma de encantamento utilizada por mágicos do século XVII para criar um ar de mistério em suas performances. Nota da ed. bras.

Essa é apenas uma breve citação, onde fica evidente que o trabalho da ST trata da transformação do homem. E também que a dimensão psíquica não é espiritual. É importante enfatizar que HPB diz: "A menos que a intenção seja inteiramente pura, o espiritual se transformará em psíquico, atuará no plano astral, e resultados terríveis (desastrosos) poderão ser produzidos por ele." Esperamos que fique claro, porque sua linguagem não deixa espaço para mal-entendidos.

"Enquanto houver alguma forma de egoísmo em seus motivos ao lidar com esses poderes, a vontade espiritual se transformará em psíquica, e atuará no plano astral..." isso também mostra que o plano astral não é o plano espiritual; o plano astral ainda é material, parte do animal no homem. Isso mostra como essas coisas são sutis. "O menor traço de egoísmo" – não precisa ser um grande egoísmo – apenas o menor traço é suficiente para transformar o espiritual em psíquico. Estamos sendo repetitivos porque esse é um ponto crucial a ser esclarecido , para que seja entendido de uma vez por todas; esse mal-entendido já se estende por demasiado nessa Sociedade.

Outro ponto a ser entendido é que não estamos realmente conscientes de nossos motivos, porque nos tornamos especialistas em justificar tudo; a mente se tornou muito esperta e tem uma explicação ou justificativa para quase tudo o que fazemos. Para estarmos cientes dos nossos motivos temos que ser muito honestos com nós mesmos, não justificar ou correr atrás de explicações de qualquer tipo, apenas permanecer com o fato. Enquanto precisarmos justificar ou explicar o que está por trás de nossos pensamentos e ações, não estamos sendo honestos, porque não estamos em contato com o real motivo dessas ações ou pensamentos. Veja que estamos falando de explicações no âmbito psicológico, e essas explicações são uma fuga psicológica, uma perda de contato com a realidade e a contínua criação de ilusões.

Enquanto precisarmos justificar ou explicar o que está por trás de nossos pensamentos e ações, não estamos sendo honestos, porque não estamos em contato com o real motivo dessas ações ou pensamentos.

Teosofia, que significa Sabedoria Divina, é para aqueles que não retém nenhum traço de egoísmo, que se transformaram. Somente aqueles sem nenhum traço de egoísmo podem conhecer com segurança os segredos da Natureza. E esta é a dificuldade: queremos o resultado, mas não estamos dispostos a fazer o trabalho necessário, porque para chegarmos a esse estado é preciso trabalhar com ardor, empenhar mente e coração, dar a vida se quisermos clareza. Tem que haver paixão e, como apontou Blavatsky, um intelecto ardente. Nos sentimos confortáveis em falar e não cogitamos trilhar o caminho do autoconhecimento, porque nesse caminho a pessoa será despedaçada. Não haverá canto escuro deixado sem ser visto; nosso mundo será virado de cabeça para baixo. E receio que não queremos isso. A maioria de nós está procurando um modo de vida confortável, com recompensas pelo chamado "bem" que se faz, o que significa: "Eu serei bom se houver uma recompensa esperando por mim em algum lugar nesta ou em alguma vida futura", e isso não é bondade. Precisamos questionar até que ponto somos sérios, e se não formos suficientemente apaixonados, tudo bem; estar ciente disso já é um grande passo.

Os poderes latentes no homem a serem investigados na ST são os poderes que vêm com o autoconhecimento e esses são os poderes do Amor, Compaixão e Bondade. Como disse o Senhor Buda, o amor é o único poder capaz de curar o ódio. Portanto, o poder do amor e da compaixão são os poderes que valem a pena buscar, pois podem curar a humanidade dessa doença mortal chamada "eu" e "meu", também conhecida como egoísmo. Afinal, o ser humano é a única forma de vida neste planeta capaz de autopercepção, autoconhecimento.

O primeiro passo para estudantes sérios é trabalhar a autoindagação, conhecer-se. Isso não é algo novo sobre o qual a Sociedade Teosófica é a primeira a falar; foi dito pelos antigos gregos: "Homem, conhece-te a ti mesmo e conhecerás os mistérios dos deuses e do universo". Para conhecer as leis inexplicáveis da Natureza e os poderes latentes no homem, a condição primordial é mergulhar fundo em si mesmo, conhecer todos os motivos ocultos que impulsionam suas ações, libertar-se da ilusão.

Na *Voz do Silêncio* é dito: "O discípulo deve buscar o rāja (rei) dos sentidos, o produtor do pensamento, aquele que desperta a ilusão". Para libertar-se da ilusão é preciso conhecer o que dá origem, produz o pensamento. É claro que o pensamento é o que desperta ilusão; e são esses processos de pensamento que precisam parar. Quando vemos (ver é um sentido) um carro bonito ou um belo vestido colorido, imediatamente vem o pensamento e pensamos como será bom ter aquele carro, as pessoas vão nos admirar; ou que cor linda, aquela camisa rosa na vitrine, tocamos, sentimos o tecido, vemos a cor, imediatamente o desejo é despertado por esses pensamentos, e sabemos muito bem tudo o que se segue. Esse era um exemplo usado muitas vezes por J. Krishnamurti.

Parar este processo de despertar da ilusão, é o primeiro passo. Quantos o fizeram? Quantos consideram seriamente esta questão? Poucos, ao que parece. Não fizemos o trabalho básico, não estamos dispostos a fazê-lo e no entanto queremos ser ensinados sobre as questões complexas, apenas porque isso pode nos dar fama ou proeminência. Nós nos comportamos como crianças mimadas. Novamente nos esquecemos de um conselho muito simples dado por HPB: "Seja humilde se você deseja alcançar a sabedoria, seja ainda mais humilde depois de alcançá-la". Portanto, é um desperdício de tempo e energia procurar instruções sobre como adquirir qualquer tipo de poder no reino do desconhecido antes de dominar o conhecimento básico, que é o conhecimento do funcionamento da própria mente.

Se o conhecimento básico (de si mesmo) permanece oculto, escondido, como chegar ao que está além de si mesmo? É impossível. Nenhum professor pode ajudar no processo de autoconhecimento quando não se está disposto a olhar para as próprias tendências e condicionamentos. HPB menciona mais de uma vez o perigo da imprudência e que isso não é um parque de diversões. Em *Ocultismo Prático*, ela diz:

> *Nenhum homem pode nadar a menos que entre em águas profundas. Nenhum pássaro pode voar a menos que suas asas cresçam e ele tenha espaço à sua frente e coragem para confiar no ar. Um homem que empunha uma espada de dois gumes deve ser um mestre completo da arma contundente, se não quiser ferir a si mesmo ou – o que é pior – aos outros, na primeira tentativa.*

As cartas para A. P. Sinnett têm muitos exemplos de pessoas que, tendo encontrado professores sérios, não ficaram felizes por não serem instruídas da maneira que queriam, e os trocaram por um professor fraudulento que se dispôs a satisfazer seus desejos e, ao fazê-lo, arruinaram a própria saúde, ou pior.

Uma vez que o ST foi dada à humanidade quando esta se encontrava em um estado de profundo materialismo e carente de desenvolvimento espiritual, é mais ou menos natural que os ensinamentos fossem mal compreendidos por muitos, e que as pessoas pensassem em termos de adquirir poderes para o uso do "eu" e "meu"; afinal, a natureza da mente é aquisitiva, ela não percebe que o Amor e a Compaixão só podem existir quando o eu não existe mais. Espera-se que neste ponto fique claro que a ST não foi criada para se tornar uma escola de truques, mas que se ocupa apenas com a transformação total do homem, de um estado dual e egoísta de consciência, para o estado de consciência indivisível, o altruísmo. Um estado que não conhece divisão, como eu e você, meu país e seu país, minha religião e sua religião, um estado de ser que é todo compaixão e responsabilidade.

Por "responsabilidade" não queremos dizer o sentido comum com o qual essa palavra é carregada e transformada em um assunto pesado e repugnante, mas o sentido real da palavra, que significa "capacidade de resposta", a habilidade de responder. Contudo, para poder responder é preciso primeiro ser capaz de ouvir. E para ouvir é preciso estar totalmente atento, ser sensível, ouvir tudo que a vida traz sem escolha, não apenas nossas preferências ou inclinações. Ser responsável significa estar desperto, ciente do que está acontecendo sem julgamento, apenas ter consciência da beleza da Terra com sua água corrente, das árvores e do céu e dos pássaros que nele voam sem perceber o perigo do comportamento humano. E também da feiúra criada pela ganância, inveja, arrogância, brutalidade e a luta sem fim pelo poder que estão destruindo a Terra.

Ser responsável significa estar desperto.

Conta-se que há muito existiu uma civilização tecnologicamente avançada chamada Atlântida, e, apesar de ter atingido um alto nível de tecnologia, o coração de seus habitantes permanecia dormente, insensível e egoísta. Segundo Blavatsky, a razão pela qual esse povo tecnologicamente avançado desapareceu da face da Terra foi o mau uso do conhecimento de certas leis da Natureza. Sendo egoísta e conhecedor de leis poderosas, das quais abusaram e que o mau uso de tais leis os precipitou ao fundo do oceano em uma noite. Foi necessário que todo o continente afundasse para que o equilíbrio fosse reestabelecido. Isso mostra como é perigoso adquirir conhecimento sem a qualidade do amor, pois não importa quanto conhecimento se adquira, se a consciência trabalha no nível do "eu" e do "meu", estaremos presos às leis do karma, e não há como escapar disso. Não há brecha nas leis da Natureza, pois é perfeita e seu trabalho é manter o equilíbrio.

Não existe meio-termo, que podemos ser gananciosos, ambiciosos, sedentos de poder e ao mesmo tempo ser uma pessoa espiritual.

Assim, a única preocupação da Sociedade Teosófica deve ser a liberdade total do homem, um novo ser humano que não se ocupa com atividades egocêntricas, um homem com um tipo diferente de mente e coração, um ser humano livre de opiniões, de conhecimento, de apegos e limitações – um ser humano real. É muito importante deixar claro que esse estado de consciência não é uma projeção da mente egocêntrica, o "eu". Não estamos falando sobre a melhoria do 'eu', mas da cessação dele. Blavatsky disse em *A Voz do Silêncio*: "O eu da matéria e o Eu do Espírito nunca podem se encontrar. Um dos dois deve desaparecer; não há lugar para ambos." Isso significa que não existe meio-termo, que podemos ser gananciosos, ambiciosos, sedentos de poder e ao mesmo tempo ser uma pessoa espiritual.

Se você perguntar se a ST explorou o terceiro objetivo, ou seja, investigou as leis inexplicáveis da Natureza e os poderes latentes no homem? Diríamos que N. Sri Ram[10] falou muito sobre autoconhecimento; há uma vasta literatura deixada por ele. Radha Burnier falava sobre o tema todo o tempo quando era presidente; não é segredo que seu lema era a regeneração humana. Há um pequeno e valoroso livro escrito por ela, *O Caminho do Autoconhecimento*, que trata do assunto de forma clara e maravilhosa. Não é por falta de incentivo que as pessoas não estão trabalhando o autoconhecimento, é porque, apesar dos conselhos dados por HPB e pelos próprios Fundadores Interiores, muitos membros da ST ainda vivem a ilusão de adquirir poderes psíquicos, ou usar o poder do pensamento, o que se revela infantil e perigoso quando se conhece a natureza do mesmo.

10 N. Sri Ram (Nilakantha Sri Ram), nasceu em Thanjavur, Tamil Nadu, Índia. Ele foi editor assistente das publicações da Sociedade Teosófica Internacional e, posteriormente, o quinto presidente (1953-1973). Ele foi secretário pessoal de Annie Besant que lhe pediu em seu leito de morte, quando o clima na ST era conflituoso, que ficasse até o fim. E ele assim o fez.

É a atração por poder que torna as pessoas cegas e sem disposição para ver o óbvio. É claro que muitas coisas ainda precisam ser feitas, uma abordagem e atenção mais profunda e direta ao assunto precisam ser empreendidas pela ST para entrar com segurança no que HPB chamou de "Nova Era", ou Era Espiritual, o fim do "eu" e do "meu". Esta é a única esperança para a humanidade. Caso contrário, como raça teremos pouca esperança de sobreviver. Isso é óbvio, pois não é difícil ver como ainda estamos dispostos a matar uns aos outros, e agora temos tecnologia para grande destruição, assim como os atlantes já o tiveram. Ou a humanidade muda ou não sobreviverá. E por mais que a ST se dedique ao autoconhecimento, finalmente cabe ao aluno levar o assunto a sério ou apenas brincar com palavras. Cabe a você e a cada um de nós mudar completamente, encarar a ambição, o ciúme, o orgulho, o conhecimento e todas as atividades egocêntricas e deixá-las morrer. Estás disposto a fazê-lo?

Teosofia, ou Sabedoria Divina, não tem autoria; há apenas um Mestre, conhecido por muitos nomes em diferentes épocas da existência humana nesta terra.

CAPÍTULO 4
O INSTRUTOR DO MUNDO, TEOSOFIA, E A SOCIEDADE TEOSÓFICA

O significado da palavra Teosofia é "Sabedoria Divina". É sabido que a sabedoria não está relacionada ao conhecimento; não surge do processo do pensamento; não é o resultado do raciocínio ou de qualquer processo da mente. É um estado de ser que está além da mente ou do processo do pensamento; ela começa apenas quando a mente está em completa ordem, quando não há conflito de qualquer natureza. E o conflito termina apenas com a compreensão daquilo que o cria, que é o processo do pensamento.

A Sabedoria Divina é um estado de ser que está além da mente dual que divide e classifica. A mente dualista não pode ver o todo, simplesmente porque sua natureza é dividir. Ela cria um centro a partir do qual se relaciona e é desse centro chamado "eu" de onde brotam os julgamentos. O pensamento, sendo fruto do conhecimento, que é o acúmulo de informações e conclusões, é necessariamente o passado. Isso é óbvio, e esse passado morto é a fonte de onde surge o pensamento com soluções para os desafios que são do momento presente. Fica claro que esse processo de acumular mais e mais não pode ser novo, nunca pode ver o que está acontecendo no momento presente e, sendo assim, não pode ver o todo, portanto criará mais e mais problemas.

Essa mente egocêntrica está continuamente construindo muros em torno de si mesma, isolando, separando. Este é o *modus operandi* do ego, e não há nada que se possa fazer para mudar sua natureza, a única possibilidade é compreendê-la, vê-la, para superá-la. A falácia de que é possível melhorar o "eu", é o que impede a humanidade de sair desse modo de vida tribalista em que vivemos há milênios; sempre lutando para melhorar esse "eu" sem nunca conseguir. Tentar mudar a natureza do ego, que é egoísta, é o mesmo que tentar mudar a natureza de um cão para a de um gato. Mas não importa o que se faça com o cachorro, ele nunca vai miar como o gato, sempre que abrir a boca ele vai latir. Da mesma forma, a natureza egoísta não pode ser mudada para a natureza altruísta, não importa o que se faça; a mente egocêntrica sempre pensará em termos de "eu" e "meu", em termos de competição – o melhor – simplesmente porque é sua natureza.

Seu amor é possessivo ou autorrelacionado —amor ao "meu país", "minha esposa", "meus filhos", "minha família" e assim por diante.

Teosofia, ou Sabedoria Divina, é um estado de ser onde não há divisão como "eu" e "você"; não há sentimento de separação, classificações, nem comparação possível, simplesmente porque não há centro onde se possa comparar. A cooperação é sua forma de trabalho. Amor e compaixão a tônica da ação.

Aqueles que compreenderam todo o processo da mente dualista, e portanto estão livres dela, que não têm nenhum traço de egoísmo, que deixaram para trás toda a natureza animalesca, que andam nus nesta terra — por "nu" não queremos dizer sem roupa, mas despojado do fardo de ontem, o "eu" e o "meu". Esses são seres humanos puros; não contaminados pelo "eu" animalesco; eles vivem na dimensão da sabedoria. Não é errado dizer que a dimensão da sabedoria é também a dimensão do amor e compaixão; e é porque há compaixão que aqueles que, mesmo psicologicamente, vivem em outra dimensão, permanecem em contato com a humanidade em seu atual estágio de egoísmo. Esses Seres são os sábios de todos os tempos; e sempre estiveram com a humanidade.

Teosofia, ou Sabedoria Divina, não tem autoria; há apenas um Instrutor, conhecido por muitos nomes em diferentes épocas da existência humana nesta terra. Afinal, o corpo humano, através do qual a sabedoria pode se manifestar, tem uma existência curta e seria impossível manter o mesmo corpo e nome por centenas de anos. Pensar em termos de quem tem ou possui a Verdade é a coisa menos inteligente que se pode fazer, pois ela não pode ser possuída, é a mente egoísta que pensa em termos de posse; A verdade está sempre disponível àqueles que estão dispostos a abrir mão de todas as conclusões e conhecimentos, o que significa deixar ir toda acumulação e caminhar sozinho, sem a influência de milhares de ontens; A verdade é uma delicada flor de fumaça, no momento em que alguém tenta segurá-la, ela desaparece. Não é algo que possa ser possuído, assim como não se pode possuir a brisa.

A Sabedoria não pode ser encontrada em livros, não pode ser dada a você, pois tem que vir a existir naturalmente, como a flor que desabrocha, como a chuva que cai das nuvens pesadas quando a hora é chegada. Os livros só são úteis se puderem ser vistos como mapas que apontam para a estrada, mas para iniciar a viagem é preciso levantar-se e começar a caminhar. Quem já viajou usando um mapa sabe muito bem que a viagem real é bem diferente da leitura de um mapa; apenas continuar lendo, estudando o mapa, não o levará a lugar algum além de onde você está. Esperar que alguém possa trilhar o caminho por você e no final você chegar ao destino, que neste caso não é destino algum, também não é possível. Ninguém pode trilhar o caminho por você, pois você e o caminho são um e o mesmo. Tudo o que você precisa e pode saber está dentro de você, não há nada acontecendo fora. Na realidade, não existe divisão como "dentro" e "fora". É o mesmo movimento que se move de dentro para fora e retorna para dentro; como as ondas no mar.

> A sabedoria vem naturalmente como a flor que desabrocha ou como a chuva que cai das nuvens pesadas quando a hora é chegada.

Quando se compreende este fato básico, veremos que perguntar onde o ensinamento de J. Krishnamurti se encontra com a Teosofia é uma pergunta equivocada. É o mesmo que perguntar "onde a cabeça encontra o corpo?" Para se achar, tem que haver separação, tem que ter dois, mas em ambos os casos eles são um e o mesmo. Na introdução de *A Voz do Silêncio*, H. P. Blavatsky escreveu: "Pois, a menos que um homem persevere seriamente na busca do autoconhecimento, ele nunca dará ouvidos a conselhos dessa natureza". É claro que o autoconhecimento é o primeiro passo e que sem ele não se vai muito longe. Krishnamurti nos mostra o que somos na realidade, não em algum absurdo idealista. Ele está dando o primeiro passo com aqueles dispostos a caminhar. Seus ensinamentos são sobre autoconhecimento, o conhecimento daquilo que dá origem ao eu, que ele enfatiza é o pensamento. Krishnamurti disse que não há fim para o autoconhecimento, em suas palavras: "Quanto mais você se conhece, mais clareza há, você não chega a uma conquista, não chega a uma conclusão. É um rio sem fim." Disse também que é de momento a momento que se pode ver a si mesmo; que o primeiro é o último passo, e que para ir longe é preciso começar muito perto.

Sobre a natureza do autoconhecimento, Blavatsky escreveu em um artigo para o jornal *Lucifer*, de outubro de 1887:

> *A primeira necessidade para obter o autoconhecimento é tornar-se profundamente consciente da ignorância; sentir com cada fibra do coração que se está incessantemente autoenganado. (...) Esse tipo de autoconhecimento é inatingível pelo que os homens costumam*

> *chamar de "autoanálise". Não é alcançado pelo raciocínio ou por qualquer processo cerebral; pois é o despertar para a consciência da natureza divina do homem.*

Segundo J.Krishnamurti, o autoconhecimento não é o resultado de uma autoanálise; ele introduz o fator insight, que é essencial para ver o que é; ele diz que compreender é transformar o que é. Ele também disse que o insight não pode ser convidado, pode-se deixar as janelas abertas, mas não se pode ter certeza de que o vento irá soprar.

> *O ignorante não é o iletrado, mas aquele que não conhece a si mesmo, e o erudito é estúpido quando confia nos livros, no conhecimento e na autoridade para lhe dar entendimento.*
>
> *A compreensão vem apenas através do autoconhecimento, que é a consciência do processo psicológico total de uma pessoa. Assim, a educação, no verdadeiro sentido, é a compreensão de si mesmo, pois é dentro de cada um de nós que se reúne toda a existência.*
>
> J.K., *Education and the Significance of Life*

Krishnamurti traz uma visão revolucionária ao chamado mundo espiritual. Ele chama a atenção para o fato de que a compreensão depende de cada um de nós, e de mais ninguém; que ninguém pode ajudar no processo de autoconhecimento; que temos que andar sozinhos, não depender de ninguém; que é preciso ser uma luz para si mesmo. Ele disse: "Você é o professor, você é o aluno, você é o Mestre; o guru, você é tudo." Ele nega a chamada autoridade espiritual, a dependência em outra pessoa para a compreensão da vida; ele deixa claro de muitas maneiras que cada um é inteiramente responsável por seu crescimento interior. Ele joga fora todas as muletas que a humanidade vem nutrindo cuidadosamente há milhares de anos e nos cura da paralisia autocriada e autoimposta. Krishnamurti não oferece conforto ou muletas, ele traz a Verdade. E às vezes a Verdade pode ser uma pílula difícil de engolir.

Às vezes a Verdade pode ser uma pílula difícil de engolir.

Em uma carta à Segunda Convenção Anual da Seção Americana da Sociedade Teosófica, em 22-23 de abril de 1888, Blavatsky escreveu o seguinte:

> *Ortodoxia na Teosofia é algo que não é possível nem desejável. É a diversidade de opinião, dentro de certos limites, que mantém a Sociedade Teosófica um corpo vivo e saudável, apesar de muitas outras características feias. Não fosse, também, pela existência de uma grande quantidade de incerteza nas mentes dos estudantes de Teosofia, tais divergências saudáveis seriam impossíveis, e a Sociedade degeneraria em uma seita, na qual um credo estreito e estereotipado tomaria o lugar do espírito vivo e pulsante da Verdade e de um Conhecimento sempre crescente.*
>
> *À medida que as pessoas estiverem preparadas para recebê-los, novos ensinamentos teosóficos serão dados. Mas não será dado mais do que o mundo, em seu atual nível de espiritualidade, pode lucrar. Depende da difusão da Teosofia – a assimilação do que já foi dado – quanto mais será revelado e em quanto tempo.*

Este pequeno extrato mostra que Blavatsky nos adverte que a ortodoxia, que é o mesmo que crença aceita, é contrária à Teosofia. Para sobreviver, a Teosofia precisa de espaço para respirar; não pode viver em um ambiente estreito e sufocante de conclusões e credos. Essa diversidade de pontos de vista, dentro de certos limites, não é apenas desejável, mas muito necessária para o espírito vivo e pulsante da Verdade e uma compreensão sempre crescente. Em suas palavras, Teosofia está sempre crescendo, não é um ponto fixo ou conclusão a se chegar.

Também é importante ver que HPB menciona a importância de manter uma grande quantidade de incertezas na mente dos estudantes, o que significa que precisamos duvidar, questionar, ter uma mente que está em estado de aprendizagem, não uma mente que sabe. Para aqueles que pensam que sabem, gostaríamos de compartilhar um ensinamento encontrado no *Kena Upanishad*, versículo 3 do capítulo 2: "Aquele que pensa que sabe, na verdade não sabe. Ele [Brahman] não é compreendido por aqueles que afirmam entendê-lo, é compreendido por aqueles que afirmam que não o compreendem." Blavatsky nos ensinou que, "quem diz que sabe, não sabe", pois não há nada a saber. E Krishnamurti ensina em suas palestras que, "o homem que diz que sabe, desconfie dele completamente". Isso é bastante óbvio, porque o conhecimento, aquele que se acumula, pertence ao "eu", a mente concreta, e é um processo material; enquanto a Verdade, Teosofia ou Sabedoria Divina é de natureza diferente; vive em outra dimensão; não pode ser acumulada, tão pouco possuída.

> Precisamos duvidar, questionar, ter uma mente que está em estado de aprendizagem, não uma mente que sabe.

Blavatsky deixou claro que os ensinamentos teosóficos seriam dados continuamente ao longo dos anos vindouros. A Teosofia, sendo uma coisa viva, está sempre crescendo, portanto não pode ser dada de uma vez de maneira definitiva; isso é bastante óbvio. Como mencionado anteriormente, ela diz que "à medida que as pessoas estiverem preparadas para recebê-los, novos ensinamentos teosóficos seriam dados. Que depende de quanto a humanidade assimilou do que foi dado, para avaliar quanto mais será revelado e em quanto tempo". Isso também mostra que todos os ensinamentos não podem ser dados por uma pessoa, levando em consideração o fator de envelhecimento do corpo. Até mesmo falar de todo o ensinamento é impossível, porque não há fim, é vivo, sempre crescente, o que não quer dizer que seja um processo cumulativo, mas sim o movimento de compreensão e desapego, liberando-se para uma maior compreensão. Estando em estado de aprendizado não se pode "saber", pois "saber" fecha a porta para o aprendizado contínuo, enquanto o entendimento é um movimento completamente diferente. E ela também disse que "novos ensinamentos" seriam dados, o que significa que seria algo não dado antes por ninguém, algo que a humanidade nunca teve antes. "Novo" não é o velho mudado um pouco aqui e ali, é algo nunca visto antes.

Não vamos para o ensino médio carregando conosco todos os livros do jardim de infância com os quais aprendemos a ler e escrever, esperando que o professor recomece as mesmas lições sobre leitura e escrita. Porque se tornou parte do nosso dia a dia, do nosso ser, podemos ir mais longe, receber novos ensinamentos e deixar esses livros para trás. Da mesma forma, compreender e assimilar os ensinamentos teosóficos é torná-los parte de nossa vida cotidiana, de nosso ser, para que possamos avançar e estar prontos para ouvir o próximo ensinamento. Isso deixa claro que um ensinamento deve nos preparar para o próximo; cada Professor não voltará e repetirá de novo e de novo o que já foi ensinado; tem que haver crescimento. Uma criança que tenta incessantemente aprender a ler e escrever, sem assimilar, não está se desenvolvendo. Da mesma forma, precisamos assimilar os ensinamentos teosóficos para que haja crescimento interno. A mera repetição de rituais, orações e palavras não contribui para a compreensão, afinal, estamos orando pela paz há milhares de anos e onde estamos? Para assimilar precisamos dar atenção aos ensinamentos, precisamos levar a sério, tem que haver paixão.

Compreender e assimilar os ensinamentos teosóficos é torná-los parte de nossa vida cotidiana, de nosso ser, para que possamos avançar e estar prontos para ouvir o próximo ensinamento.

Se pretendemos manter a Teosofia viva na ST, precisamos continuar caminhando, aprendendo sempre, abertos ao novo e trabalhando com o presente estágio de necessidade humana, entregando a todo momento a Verdade que nos foi dada pelo novo portador da Verdade, que em nossos dias é o Instrutor do Mundo, anunciado por HPB e Annie Besant — Aquele que andou pela terra assinando o nome, Jiddu Krishnamurti. Se nos agarrarmos a livros e palavras, perderemos tudo e nos tornaremos mais uma seita fundamentalista, e o mundo não precisa de outra.

Não é justo com a humanidade dividir o corpo da Verdade e oferecer apenas metade da dose do remédio que pode curar todas as misérias e salvar a humanidade de mais calamidades. O mundo precisa de todo o corpo vivo de ensinamentos trazidos por HPB e Krishnamurti. Separar o corpo da cabeça mata os dois, ninguém se beneficia disso, nem os que seguram o corpo, nem os que seguram a cabeça. Para aqueles que são ignorantes e fundamentalistas, e que dizem que apenas o que Blavatsky diz é Teosofia ou que apenas Krishnamurti tem a Verdade, gostaríamos de lembrar que é esse tipo de mentalidade que trouxe a humanidade ao atual estado de miséria e degradação. É para nos alertar que esse tipo de ideias fixas e separativas estão criando estragos no mundo, para nos ensinar essa lição básica e simples, que a Sociedade Teosófica foi criada.

Blavatsky traz o mapa, dizendo-nos que há outra forma de se viver que está além da mente, diz ela: "a mente é a assassina do Real. Que o discípulo mate o assassino." E Krishnamurti conduz pela mão aqueles que desejam "matar o assassino" e cruzar para a outra margem. Continuar lendo o mapa leva ao fundamentalismo, e viajar sem mapa é muito difícil. Diz-se também que o Mundo nunca teve todos os ensinamentos necessários para atravessar com segurança até a outra margem. A humanidade espera por isso desde tempos imemoriais, o remédio para toda miséria e degeneração criada pela ignorância. Agora que finalmente chegou, que está em nossas mãos, vamos negá-lo à humanidade? Basta! pensem na crueldade de tal recusa; apenas pessoas sem coração são capazes de tal horror. Por favor, deixem o amor curar. Já tivemos divisões demais; é hora de permitir a existência do amor.

Também é importante lembrar que o mundo ocidental vem sofrendo com uma mente materialista e concreta, que esteve sob a influência de crenças e credos por muito tempo, e pensa em termos de conclusões, resultados e aquisições. Para que a Teosofia sobreviva e esteja disponível para o mundo, a ST precisa manter sua Sede na Índia, onde a diversidade faz parte do cotidiano, um país que, segundo seu senso de 2018, possui 22 línguas oficiais e 1.652 dialetos, que tem em seu território todas as sete grandes religiões vivendo juntas, e uma tradição contínua e ininterrupta de Seres sábios, nascidos um após o outro por milênios e milênios. Não estamos dizendo que a Índia é perfeita, ou que apenas Mahatmas nascem na Índia. Estamos dizendo que um ambiente diverso ajuda a desenvolver o discernimento, e que a mente concreta, não sabendo discernir, conclui e, da conclusão, nasce ortodoxia. Devemos sempre ter em mente um ensinamento simples, mas poderoso, dado por Blavatsky: "Seja humilde, se você deseja alcançar a Sabedoria. Seja ainda mais humilde, quando a tiver alcançado." Estamos em uma selva criada por nós mesmos e não há do que se orgulhar. Oriente e Ocidente têm muito a aprender um com o outro, mas é preciso que haja humildade de ambos os lados para que seja frutífero. Tem que haver amor.

Em outra carta à Quinta Convenção Anual da Seção Americana, em 26-27 de abril de 1891, Blavatsky escreve:

> *O período que agora alcançamos no ciclo que se encerrará entre 1897-1898 é, e continuará sendo, de grande conflito e tensão contínua. Se a TS conseguir aguentar, ótimo; se não, enquanto Teosofia permanecerá ilesa, a Sociedade perecerá – talvez de forma mais inglória – e o Mundo sofrerá.*

Gostaríamos de chamar a atenção para o fato de que Blavatsky deixou claro que não podemos assumir que a ST está fora de perigo, que se a ST não puder enfrentar seus desafios com inteligência e sabedoria, ela pode perecer. A Teosofia permanecerá ilesa, mas o Mundo sofrerá. Também está claro aqui que a Teosofia não pertence a nenhuma organização; foi, é e sempre estará lá. Se devemos trabalhar pelo bem-estar da humanidade, não podemos levantar bandeiras, simplesmente porque a Verdade não tem bandeira. As bandeiras são o símbolo da separação. Não importa se é a bandeira da Teosofia, Cristo, Krishnamurti ou Deus, ela ainda é uma bandeira, e sempre será o símbolo do "eu" e do "meu", o símbolo da divisão. Pode-se ver isso, olhando para o que está acontecendo no mundo. O mundo precisa mais do que nunca de um corpo de seres humanos fraternos unidos, um corpo de de pessoas unidas pela verdadeira amizade e fraternidade que reconheça e viva na Unidade da Vida. E para aqueles que gostam de dividir e separar, gostaríamos de lembrá-los que dividir e separar não é o lema de quem trabalha pelo bem-estar e progresso humano. É exatamente o oposto; divisões estão matando a humanidade.

> *A unidade sempre dá força; e como o Ocultismo em nossos dias se assemelha a uma 'Esperança Perdida', a união e a cooperação são indispensáveis. União implica, de fato, uma concentração de força vital e magnética contra as correntes hostis do preconceito e do fanatismo.*
>
> Mestre Kutumi

A união daqueles que amam a humanidade, que trabalham pelo seu bem-estar e progresso, unindo esforços para trazer água fresca do rio fluido da Verdade, é a única esperança.

O mundo precisa mais do que nunca de um corpo de seres humanos fraternos unidos, um corpo de pessoas unidas pela verdadeira amizade e fraternidade que reconheça e viva na Unidade da Vida.

A mente religiosa que irá regenerar a humanidade, é uma mente capaz de olhar a vida sem o fardo das conclusões que se tornaram conhecimento; é uma mente que está disposta a explorar a natureza de seu próprio pensamento e sentimento; uma mente que pode duvidar e questionar, que está em estado de aprendizado, que não está satisfeita com a compreensão ou as experiências de outras pessoas.

CAPÍTULO 5
MENTE RELIGIOSA E REGENERAÇÃO HUMANA

Na história humana, Deus sempre foi algo a ser buscado fora. Os humanos mais primitivos entendiam que Deus estava relacionado com fenômenos da Natureza: trovão, sol, relâmpago e assim por diante. Além disso, Deus sempre esteve relacionado ao medo, algo que não podia ser entendido ou controlado. Depois de algum tempo, quando o homem começou a compreender a Natureza e seus fenômenos, já não acreditávamos que trovões e relâmpagos estivessem relacionados aos humores de Deus; então começamos a acreditar em um agente externo – alguém que está lá fora, alguém observando, julgando, punindo ou recompensando. Este foi o início da maior das tragédias humanas - criamos o que a maioria chama deus - um deus criado pelo medo, desespero e a busca incessante por segurança. A busca de segurança interior foi mal compreendida e traduzida pela mente como segurança exterior; algo que pode ser dado a você. Por estar lá fora, criamos árbitros e mediadores, aqueles que dizem ter a chave do reino dos céus. E porque somos ambiciosos e ansiosos para entrar no céu, estamos dispostos a fazer qualquer coisa para chegar "lá".

A única coisa que nos falta compreender em tudo isso é que o céu, ou qualquer nome que possamos dar, não é um lugar lá fora, mas sim um estado interior de Ser que não pode ser dado a ninguém; é um estado de Ser que requer quietude mental e paz no coração. E isso, ninguém pode comprar ou vender. Tem que ser trabalhado por cada um de nós, não importa o quanto pratiquemos a técnica mais recente, inventada pelo "guru" - da moda. Nenhuma técnica, nenhuma prática nos ajudará a encontrar paz no coração; não há prática capaz de acalmar uma mente torturada pela ambição, ciúme, inveja ou orgulho. Não importa quem prometa; a quietude da mente não pode vir com a prática; pela simples razão que uma mente que se preocupa consigo mesma nunca pode conhecer o amor. O amor é a única força que tem em si o antídoto para todos os venenos criados por nossa própria mente. É claro que a mente pode ser adormecida pela prática de técnicas, mas esse estado de anestesia não é o tipo de quietude que vem com o despertar da consciência. Como qualquer anestesia, seu efeito tem um certo período de validade; não dura muito.

A mente pode ser adormecida pela prática de técnicas, mas esse estado de anestesia não é o tipo de quietude que vem com o despertar da consciência. Como qualquer anestesia, seu efeito tem um certo período de validade; não dura muito.

Nas *Cartas dos Mahatmas* lemos:

> *Vou apontar a maior, a causa principal de quase dois terços dos males que perseguem a humanidade – desde que essa causa se tornou um poder. É religião sob qualquer forma e em qualquer nação. É a casta sacerdotal, o sacerdócio e as igrejas; é nessas ilusões que o homem considera sagradas, que ele tem que buscar a fonte daquela multidão de males que é a grande maldição da humanidade e que quase subjuga a humanidade. A ignorância criou deuses e a astúcia aproveitou a oportunidade. . . . Foi a impostura sacerdotal que tornou esses deuses tão terríveis para o homem; é a religião que faz dele o fanático egoísta, o fanático que odeia toda a humanidade fora de sua própria seita sem torná-lo melhor ou mais moral por isso. É a crença em Deus e nos deuses que torna dois terços da humanidade escravos de um punhado daqueles que os enganam sob a falsa pretensão de salvá-los. O homem não está sempre pronto para cometer qualquer tipo de mal se lhe disserem que seu deus ou deuses exigem o crime – vítima voluntária de um deus ilusório, escravo abjeto de seus ministros astutos? O camponês irlandês, italiano e esloveno passará fome e verá sua família faminta e nua para alimentar e vestir seu padre e papa. Por dois mil anos a Índia gemeu sob o peso da casta, os brâmanes sozinhos se alimentando da gordura da terra, e hoje os seguidores de Cristo e os de Maomé estão cortando a garganta uns dos outros em nome e para maior glória de seus respectivos mitos. Lembre-se que a soma da miséria humana nunca será diminuída até o dia em que a melhor parte da humanidade destruir em nome da Verdade, da moralidade e da caridade universal, os altares de seus falsos deuses.*

O extrato acima da Carta no. 88, edição cronológica (ML-10) mostra a visão daqueles que inspiraram o nascimento da Sociedade Teosófica – suas visões sobre Deus, deuses e todas as implicações que são tão destrutivas para a humanidade. Essa carta foi escrita há mais de cem anos, e ainda podemos ver que nada mudou. Os seguidores de Cristo e Maomé ainda estão cortando a garganta uns dos outros e, infelizmente, na Índia, que dizemos ser a mãe de todas as religiões, o sistema de castas ainda está no coração dos homens, embora a lei a tenha banido. Mas, como sabemos, nenhuma lei foi, é ou será capaz de mudar o coração do homem. As leis são o espelho no qual o homem reflete sua natureza.

Não pretendemos considerar problemas que não mudaram ou pouco variaram; pretendemos chamar a atenção daqueles que são sérios o suficiente para ver as coisas como elas são, para se olharem sem justificar o que está acontecendo em sua mente e em seu coração. Pretendemos chamar a atenção daqueles que mantém em seu coração a capacidade de amar a humanidade, porque esses podem ser "a melhor porção da humanidade" a que se refere a carta acima, e que será capaz de destruir "em nome da Verdade, moralidade e caridade universal, os altares de seus falsos deuses".

Por favor, não entendam mal; vamos olhar com os olhos da inocência, com olhos que podem olhar para algo sem já saber. Destruir os altares dos falsos deuses não significa que se deve sair por aí derrubando igrejas ou templos; significa que devemos olhar para dentro do nosso próprio coração e encontrar ali a raiz de todos os templos e igrejas construídos por nossa própria ignorância, pela aceitação cega da autoridade dos livros ou da autoridade daqueles que dizem saber. Templos erguidos pela arrogância e autoimportância, que nos fazem pensar em nós mesmos como pessoas privilegiadas, as escolhidas.

O interessante dessa ideia de "escolhidos" é que, se olharmos para a história da humanidade, veremos que aqueles que causaram estragos no mundo, aqueles que mataram milhões e milhões ao longo da história, sempre se consideraram escolhidos. Então, quando percebemos esse fato, o que fazemos? Podemos deixar de lado essa ideia imatura e infantil de escolhidos e encarar o fato de que somos um e o mesmo? Que somos apenas seres humanos e que não existem "melhores" seres humanos?

O fato é que nenhum homem tem o direito de reivindicar ser melhor do que seu irmão. Assim, pode-se dizer: Mas a carta acima se refere à "melhor porção da humanidade" (que imediatamente traduzimos como os escolhidos). Talvez, seja uma referência àqueles que podem ser chamados de irmãos mais velhos na família humana, e isso não os torna melhores, apenas os torna mais responsáveis. Numa família é natural, e até esperado, que os mais velhos cuidem dos mais novos; isso é natural e não torna os especiais. Porque os mais velhos têm mais maturidade, é seu dever; e se estiverem mental e emocionalmente saudáveis, será sua felicidade ajudar e cuidar de quem está desenvolvendo suas capacidades na vida. Da mesma forma, aqueles que são mais velhos na família humana têm a sagrada responsabilidade de ajudar e cuidar do crescimento daqueles que estão desenvolvendo a natureza humana. Ninguém dirá que um bebê é pior do que seus irmãos ou irmãs mais velhos. Da mesma forma, ninguém pode dizer que aqueles que desenvolveram uma compreensão mais clara da vida são melhores do que aqueles que ainda estão lutando com os erros cometidos por causa de uma visão turva.

Para destruir os templos e igrejas criados pela ignorância, primeiro precisamos ver o absurdo disso; precisamos compreender o veneno da autoridade no campo interior, na terra sagrada de nossa única e total responsabilidade. Não importa o quanto seguimos as orientações, conclusões ou interpretações dos outros; tudo o que pensamos ou fazemos é de nossa inteira responsabilidade, e nenhum sacerdote ou deus pode ajudar a evitar os laços criados por nossos pensamentos e ações.

Todas as religiões falam de um deus que protegerá apenas aqueles que rezam, que pedem e que obedecem ao sacerdote, à igreja ou a um conjunto de regras produzidas pelas interpretações de experiências. O resultado de tais práticas e crenças provou ser ineficiente e terrivelmente destrutivo. As religiões, como as vemos, são tão tribais quanto eram quando vivíamos em cavernas. E esse tipo de tribalismo moderno de forma alguma ajudou a humanidade a construir uma boa sociedade, boa no sentido de uma que tenha o tipo certo de educação para nossos filhos, que ajude aqueles que não podem ver claramente a entender suas percepções sombrias, uma sociedade em que a natureza humana possa florescer. O florescimento do humano no homem é o que cria uma boa sociedade. Ainda temos que desenvolver uma sociedade que tenha bondade suficiente para elevar a escala da balança que vem sendo mantida desnivelada desde tempos imemoriais. Esse desequilíbrio é criado, se não totalmente, em grande parte por concepções mal compreendidas sobre religião.

A mente religiosa que irá regenerar a humanidade, é uma mente capaz de olhar a vida sem o fardo das conclusões que se tornaram conhecimento; é uma mente que está disposta a explorar a natureza de seu próprio pensamento e sentimento; uma mente que pode duvidar e questionar, que está em estado de aprendizado, que não está satisfeita com a compreensão ou as experiências de outras pessoas. Não significa que não se possa interagir e compartilhar com os outros; pelo contrário, só a mente religiosa é capaz de ouvir. Por ser livre de acúmulos e conclusões, pode ouvir sem julgar ou reagir imediatamente ao que está sendo dito. Uma mente religiosa é livre e, portanto, é capaz de amar. Em última análise, o amor é a força regeneradora que curará a humanidade da monstruosidade autocriada.

O que precisamos para a regeneração da humanidade não é um novo conjunto de regras, de um novo salvador. É necessário é entender porque entregamos a outros a responsabilidade por nosso próprio crescimento interior e porque aceitamos viver o tipo de vida que vivemos há milênios, sem nunca questionar o estado de coisas que estamos vivendo, o absurdo da guerra, e por que nunca aprendemos a lição mais importante sobre as guerras, que é o fato de que na guerra não há vencedores. Então, para que o processo de regeneração comece, a primeira coisa é questionar sem a suposição de que sabemos a resposta, porque é óbvio que não sabemos, caso contrário as coisas seriam bem diferentes ao redor do mundo.

É necessário é entender porque entregamos a outros a responsabilidade por nosso próprio crescimento interior.

A humanidade não precisa de uma nova religião, o que precisamos é de um novo tipo de compreensão sobre nós mesmos e sobre a vida; uma compreensão capaz de dissolver essa noção egocêntrica de que tudo o que vive, vive para "me" beneficiar. O que a humanidade precisa é permitir que a mente religiosa floresça, uma mente sem um centro.

Houve um tempo na história da humanidade ocidental em que acreditávamos que o Sol e todos os planetas giravam em torno da Terra, que a Terra era o centro do Universo, e esse entendimento era definitivo; tínhamos certeza. A religião era a autoridade final e "sabia". Deus criou o homem; e só o homem reinou sobre o Universo. E as pobres almas que ousaram pensar e contestar essas conclusões foram excomungadas, enviadas para a prisão por anos de torturas, para fazê-los dizer que estavam errados; e se não admitissem que estavam errados, eram finalmente mortos. Esse foi o caso de Giordano Bruno, um frade dominicano que viveu na Itália durante o século XIV e cujo único crime foi ter um entendimento diferente dos que estavam no poder em sua época. Ele era um livre-pensador, e a liberdade de pensamento não era tolerada pela Igreja Católica Romana.

Questionar era pecado, e duvidar, a maior das heresias. Bruno estava sem dinheiro, e com o rótulo da excomunhão a vida não foi fácil por muitos anos. Ele continuou seus estudos e uma noite teve um sonho que lhe revelou um Universo infinito e ilimitado. Ele escreveu e viajou dando palestras sobre sua descoberta, mas a Igreja foi informada de que ele estava na Itália ensinando sobre um Universo infinito, o que foi considerado uma heresia, e isso foi o fim para ele. Oito anos depois de seu martírio, o telescópio foi criado e provou que Bruno estava certo – o Universo é infinito. De fato, o universo começou a ser explorado e se mostrou muito maior do que jamais poderia ter sido imaginado. Em suas próprias palavras, Bruno diz:

> *O universo é então um, infinito, imóvel. Ele não é capaz de compreensão e, portanto, é infinito e ilimitado, e nessa medida infinito e indeterminável e, portanto, imóvel.*

Nos tempos modernos há um homem que, da mesma forma que Bruno, ousou desafiar as crenças bem estabelecidas de seu tempo. Bruno desafiou as crenças sobre o mundo exterior, o centro do universo exterior, e Jiddu Krishnamurti desafiou as crenças sobre o universo interior, o mundo espiritual. Krishnamurti lançou luz sobre a psique humana – o pequeno centro do nosso mundo interior, o criador do "eu" e do "meu". Ele desafiou a ideia de salvação individual e disse que há muito mais do que essa pequena ilusão egocêntrica chamada "eu", criada por um modo mecânico de pensar que faz tudo parecer pessoal, autorrelacionado. Até mesmo nossa ideia de deus é pessoal e autorrelacionada; "meu deus" e "seu deus", o deus cristão e o deus hindu. Ele disse que além dessa pequena mente de qualidades duvidosas, existe o céu sem limites, que é infinito, atemporal e sem centro.

Krishnamurti desafiou a realidade do centro interno criado pela mesma mente que ja teve certeza sobre o centro do Universo externo. Felizmente para a humanidade, Krishnamurti teve um destino melhor do que Giordano Bruno. Seus irmãos apenas o expulsaram. A mesma organização que estava esperando por seus ensinamentos não conseguiu olhar para eles sem as certezas de ontem. Não havia espaço para o novo, o desconhecido; o chamado mundo espiritual já era conhecido e as pessoas tinham certeza disso. Portanto, Krishnamurti foi deixado para viver e entregar os ensinamentos ao mundo por conta própria; novamente, a humanidade falhou em apoiar um Portador da Luz.

As semelhanças entre Giordano Bruno e J. Krishnamurti não terminam aqui; há mais uma coisa que vale a pena mencionar, ambos morreram em 17 de fevereiro, Bruno em 1600 e Krishnamurti em 1986. Podemos dizer com segurança que o mundo nunca mais foi o mesmo depois das declarações corajosas e destemidas de Giordano sobre o universo exterior. Porque ele desafiou a crença estabelecida sobre o universo exterior, a ciência descobriu tanto sobre as estrelas e outros universos, e isso a mudou para sempre. Também podemos dizer com segurança que o mundo nunca mais será o mesmo depois de Jiddu Krishnamurti, e a luz que seus ensinamentos trazem não pode ser ignorada. Ainda não criamos um mundo em que cada um seja inteiramente responsável por si e sua vida religiosa; sem mediadores entre o homem e os recantos mais íntimos do Ser; um mundo em que não haja autoridade no campo interno, um mundo onde as pessoas se respeitem e compartilhem pontos de vista e entendimento, em vez de impor conclusões e interpretações. Ainda não criamos um mundo em que a mulher tenha um lugar adequado na sociedade, em que as crianças aprendam o valor sagrado da vida, em que a cooperação seja a tônica e a vida humana esteja ocupada com o que é, e não com o que deveria ser. Como nos diz Krishnamurti, em *Beyond Violence, The Religious Mind*:

> *A mente religiosa não pertence a nenhum grupo, nenhuma seita, nenhuma crença, nenhuma igreja, nenhum circo organizado; portanto, é capaz de olhar as coisas diretamente e compreender as coisas imediatamente. Assim é a mente religiosa, porque é uma luz para si mesma. Sua luz não é acesa por outro - a vela que é acesa por outro pode ser apagada muito rapidamente.*

Temos muito a aprender e entender sobre nosso mundo interior. Os antigos gregos chamavam esse entendimento de "autoconhecimento". Podemos dizer que a mente religiosa é a mente que está em constante aprendizado, não sabe, portanto, está aberta ao desconhecido, ao novo. Está a aprender sobre o universo interior, que é ilimitado e sem um centro. Esse aprendizado lançará luz nos recantos obscuros da mente, e essa luz finalmente regenerará a humanidade, a luz da compreensão do que é – a luz da consciência.

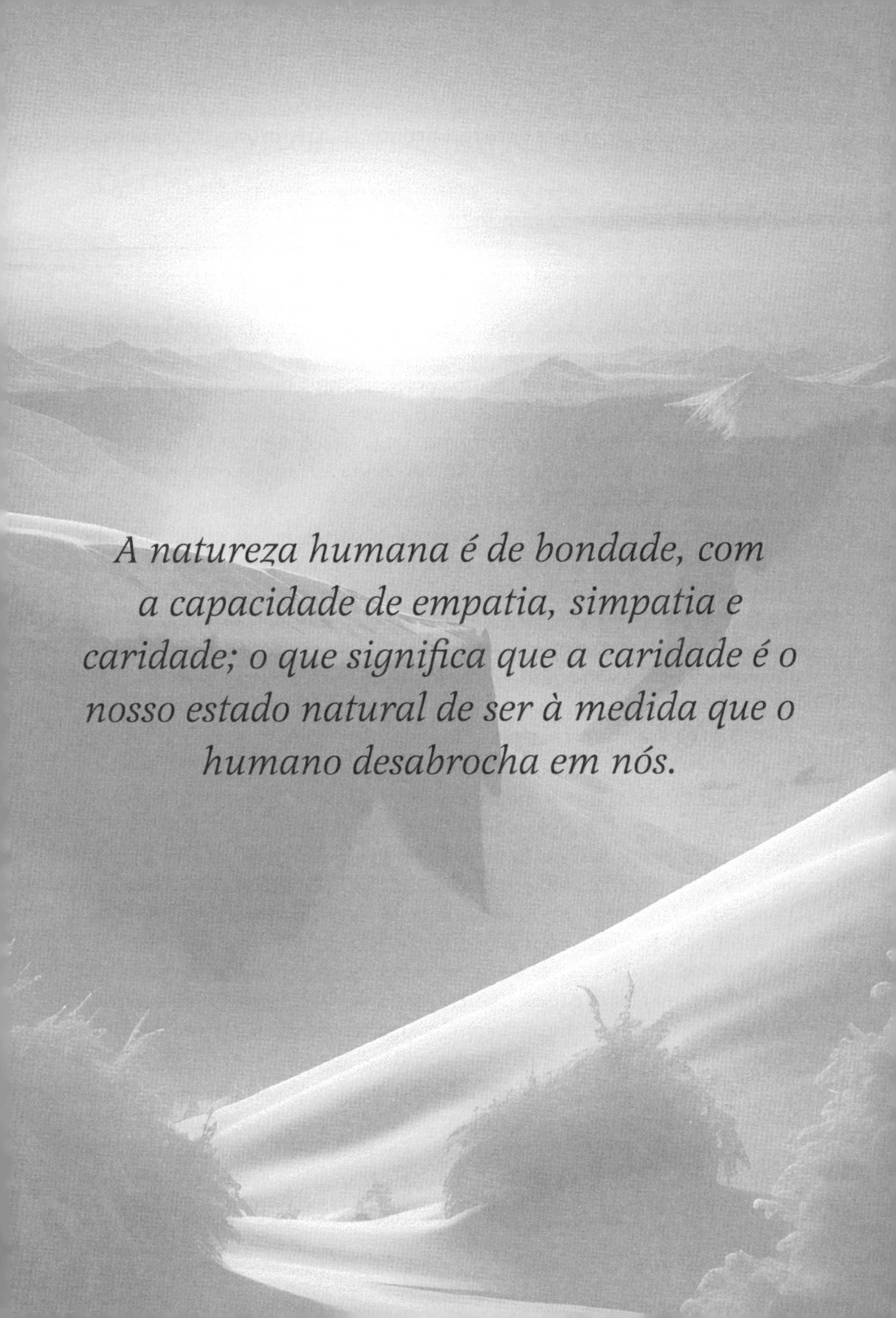

A natureza humana é de bondade, com a capacidade de empatia, simpatia e caridade; o que significa que a caridade é o nosso estado natural de ser à medida que o humano desabrocha em nós.

CAPÍTULO 6
O PAPEL DA NATUREZA NO FLORESCER DA BONDADE

Muito já foi dito sobre a evolução humana através da jornada de milhões de anos da alma; e talvez fosse importante olhar para ela mais uma vez. Estamos familiarizados com os ensinamentos que dizem que o primeiro estado manifestado foi no reino mineral, depois no reino vegetal, animal e finalmente no reino humano. Pode haver mais, mas tentaremos olhar o que está acontecendo em nossa condição atual e compreender o processo de desdobramento da consciência.

Quando a consciência está operando a partir de um reino específico, a expressão no mundo físico será da natureza desse reino específico. Uma árvore não será confundida com uma rocha. Assim, vemos que cada reino tem características bem definidas. Quando chegamos ao estágio humano, e podemos muito bem ver isso em nossa própria vida, psicologicamente ainda temos muito do animal em nós. Blavatsky nos diz que o ser humano é apenas a mais alta expressão do animal; podemos ver que nossa luta é para nos tornarmos puramente humanos, sem nenhum traço de animalismo.

Vemos também que a mente egoísta e egocêntrica pode se comportar de forma semelhante aos animais, a diferença é que os animais têm apenas instintos, e os seres humanos têm instintos e uma mente capaz de projetar uma abordagem egocêntrica da vida. A demarcação territorial, a possessividade, a prontidão para lutar e matar, o senso de autodefesa, autoproteção; tudo isso e mais podemos facilmente ver nos animais ao nosso redor. Se observarmos os cães, veremos a mesma luta territorial, a prontidão para atacar e todo o resto. Então, perguntamos, o que é ser humano? Como é um ser humano puro? Aqui temos que ter muito cuidado, para não projetar algo que não tem realidade.

Comecemos por olhar objetivamente a vida e o comportamento humano como são, não como deveriam ser, pois o "deveria ser" é uma projeção, e não tem validade nem realidade. Quando tomamos a afirmação de H. P. Blavatsky de que os seres humanos são apenas a forma animal mais elevada, podemos entender que nosso trabalho é nos afastarmos de todo comportamento animalesco. Ela nos deu a maneira de fazer isso ao dizer que a mente é a causadora de problemas, que é na mente que podemos encontrar as causas de nossas misérias, e que nosso trabalho é matar o assassino do real, que ela aponta ser a mente. Aqui fica claro que é na mente que devemos focar a atenção se quisermos nos afastar do atual estado de miséria e confusão em que a humanidade se encontra.

Podemos perguntar, por que os animais não têm todos os problemas dos humanos? A resposta é simples, porque os animais não pensam como nós, eles ainda não desenvolveram a mente com suas complexidades, então permanecem sem a inquietação trazida pelo desenvolvimento do ego. Sua vida é basicamente dirigida por instintos. Temos os instintos e uma mente distorcida por todos os tipos de desejos criados pelo pensamento. A mente tem que ser desenvolvida porque é uma ferramenta importante na vida humana, e esse desenvolvimento é um período delicado no processo de desdobramento da consciência, porém não sabemos se o desenvolvimento do ego é parte natural desse processo ou se é um passo na direção errada. De acordo com os ensinamentos da Sociedade Teosófica esse período de desenvolvimento é dividido e subdividido em muitas etapas, chamadas na Doutrina Secreta (SD) "raças" e "sub-raças". Mas gostaríamos de chamá-los de estágios de desenvolvimento do humano, o que significa que, à medida que caminhamos nessa estrada, nos tornamos menos territoriais, menos possessivos, menos egoístas, e as qualidades humanas começam a florescer.

Vemos ver que esse desenvolvimento tem tudo a ver com o ser interior, e não com a cor da pele e densidade dos ossos, sendo estes o resultado do ambiente físico e das condições climáticas do local onde o corpo físico nasceu. Aqui também temos que ter em mente o fato de que a Mãe Natureza está trabalhando para prover um corpo no qual o ser interior possa se desenvolver, e o trabalho da Natureza é inteligente e fornecerá um corpo que facilmente suporte as condições climáticas de um determinado lugar onde vai viver.

Voltemos ao tempo em que esses corpos foram criados para servir de vestimenta temporária para a consciência em desenvolvimento. Naquela época, as pessoas não costumavam viajar longas distâncias, pois não havia tecnologia desenvolvida; uma pessoa costumava viver e morrer, mais ou menos, no mesmo ambiente. Dessa forma, se o sol estivesse quente, como nas áreas tropicais, a pele era mais escura para suportar as condições ambientais; em um clima frio a pele era mais branca, e o que define a cor da pele é a quantidade de melanina presente na estrutura da pele. Nos livros da Sociedade Teosófica também aprendemos que a Natureza usa seus recursos de forma inteligente e responsável, usando apenas o estritamente necessário. Assim, podemos ver que usar melanina onde não é necessária não é apenas pouco inteligente, mas também irresponsável. Desperdiçar recursos não é uma prática encontrada na Natureza.

Aqui podemos ver que as diferentes cores de pele são uma questão de necessidade prática e uma tendência natural de diversidade. A natureza tem inúmeras possibilidades que seria uma pena fazer todos os corpos iguais. É dito que os seres que trabalham com a Mãe Natureza também estão se aperfeiçoando e precisam exercitar as possibilidades disponíveis para aperfeiçoar seu trabalho. Isso acontecerá à medida que a criação prosseguir. Podemos perceber também que o processo de evolução do físico é apenas uma parte de todo o processo, e que o desenvolvimento espiritual acontece em outra dimensão, ainda que ocorra em linhas paralelas, e uma sustente a existência da outra.

Podemos entender a necessidade de trabalhar em cooperação com a Natureza e não destruir ou tentar mudar o ambiente em que estamos nos desenvolvendo, o próprio ventre de nossa Mãe Terra, que fornece condições adequadas para o crescimento do ser interior. Se prejudicarmos o físico de propósito, há consequências, e teremos que enfrentá-las no devido tempo. Não temos ideia de quais seriam essas consequências, a miséria criada por ações irresponsáveis. Nossos corpos não são nossos; eles nos são confiados pelo período de uma vida, ao final do qual serão devolvidos à Mãe Natureza.

O abuso do corpo, assim como o preconceito contra o corpo de outras pessoas por causa de sua aparência, crueldade com animais ou destruição do meio ambiente, são pecados contra a Natureza. O que quer que façamos aos outros – seres humanos, animais ou árvores – na verdade, estamos fazendo a nós mesmos. Quer vejamos ou não, pouco importa, porque essa é uma lei da Natureza, não podemos escapar de suas consequências.

Na história humana, podemos ver que a migração começou não há muito tempo atrás. No início, os humanos mais primitivos eram caçadores e, como tal, exploravam lugares, viajavam a pé, e não tinham casa definida. Depois de muito tempo descobriram a agricultura, e isso os fez ficar em um só lugar. Talvez a estabilidade criada por uma casa fixa tenha ajudado no processo de desenvolvimento da tecnologia. Assim foram desenvolvidas as primeiras ferramentas, e com elas a construção de casas, barcos e a descoberta da roda, que foi uma ferramenta revolucionária, possibilitando aos poucos começar a percorrer distâncias maiores. Com as viagens, uma mistura de diferentes estereótipos começou a aparecer. Tudo isso está relacionado ao desenvolvimento do corpo físico, que é uma roupagem temporária para o ser real que está se desenvolvendo.

O que chamamos de evolução humana está acontecendo em outro nível; não tem quase nada a ver com a aparência do corpo físico. O desenvolvimento do ser interior é uma questão tão complexa que não pode ser medida no nível físico. E o que é dito na *Doutrina Secreta* sobre a raça humana refere-se ao Homem interior. Blavatsky está falando sobre o que não pode ser visto por nós, embora para nós pareça que ela está falando sobre o físico. Essa ilusão pode ser facilmente compreendida, porque somos tão egocêntricos, tão identificados com o manifesto, o mundo material, que nos perdemos nele e erroneamente tomamos o corpo físico como o ser real. Mas o que é real está fora do alcance daqueles que estão enredados com os aspectos materiais do mundo físico.

Quando a cor é mencionada na *Doutrina Secreta*, parece que se refere à cor da pele; mas o que é referido como a pureza da raça é a pureza do Homem interior, a pureza da consciência, o desenvolvimento das qualidades humanas, e o ser animal deixado para trás, que é toda noção e comportamento autocentrado. Para deixar bem claro: quanto mais egoísta é, mais escuridão ou ignorância em sua consciência; e quanto mais altruísta, mais clara a compreensão, mais características humanas estão desenvolvidas. Desta forma, podemos ver também por que a Fraternidade Branca é chamada de "branca", porque é a união daqueles puros em consciência, puramente altruístas, nos quais as características psicológicas do animal não existem mais, e o humano está plenamente desenvolvido.

À medida que a consciência se desenvolve, o ser interior cresce e um mundo interior se desenvolve ao longo dessa jornada. No início há pouco foco, e o instinto desempenha um grande papel; porém à medida que o ser interior se desenvolve, as qualidades humanas começam a mostrar suas cores no dia a dia. Quanto mais desenvolvida internamente, mais ética será a manifestação nas ações diárias.

Quais são as qualidades que são características humanas? Podemos dizer que o egoísmo é o remanescente do animal em nós. Possessividade, ciúme, inveja, competição, desejo de poder, orgulho, arrogância, vaidade e a lista de desejos que são conhecidos em nossa vida diária são sinais do egoísmo e, portanto, da natureza animalesca que estamos lutando para deixar para trás. A natureza humana é de bondade, com a capacidade de empatia, simpatia e caridade; o que significa que a caridade é o nosso estado natural de ser à medida que o humano desabrocha em nós. Se precisamos ser lembrados de que nosso irmão está necessitado e devemos ajudar, isso é um sinal de que não somos sensíveis o suficiente para ver por nós mesmos e fazer o que é natural para um ser humano.

Isso também mostra que há mais de dois mil anos nos ensinam que sem caridade não há salvação, mas apesar de todos os professores que tivemos, e foram muitos, não aprendemos nem mesmo esse ensinamento básico. Ainda precisamos de organizações para sermos caridosos; porém tais organizações parecem ser apenas um pódio de onde nos promovemos, fazendo propaganda de toda a ajuda dada. Cristo ensinou que o que a mão direita faz não deve ser visto pela esquerda. Isso significa, entre outras coisas, que não devemos divulgar o que fazemos para obter um bom nome ou para sermos elogiados, pois isso não passa de orgulho, e também nos ensinam que não somos o autor, é a vida quem faz. Mas porque somos egoístas e, portanto, cegos, temos orgulho em fazer, em ajudar, e pensamos que somos caridosos. A verdadeira caridade não tem orgulho, não precisa de platéia, acontece naturalmente em todos os momentos de nossa vida, com todos que cruzam nosso caminho, no silêncio do amor e na gratidão à vida que nos faz dignos de confiança e nos toma como ferramenta para sua misericórdia.

Esse é apenas um exemplo de como nos enganamos, e isso pode ser visto em quase todas as atividades em que estamos engajados. Também faz parte de nossa ilusão acreditar que somos um ser humano; no entanto, preferimos dizer que estamos a caminho de nos tornarmos um, assim que purificarmos a consciência de todos os resquícios animalescos. Quando falamos de um coração puro ou mente pura, estamos falando de um coração e uma mente que não estão mais contaminados por pensamentos e sentimentos egoístas.

Quando falamos de um coração puro ou mente pura, estamos falando de um coração e uma mente que não estão mais contaminados por pensamentos e sentimentos egoístas.

Aqui entra o esquema evolutivo descrito na *Doutrina Secreta*. À medida que caminhamos e crescemos interiormente, desenvolvendo a natureza humana, refinamos e nos tornamos mais sensíveis à vida que nos cerca. À medida que crescemos, desenvolvemos mais sensibilidade. Isso se mostrará no mundo físico, na forma como nos relacionamos com tudo o que estamos em contato. O nível de bondade e empatia aumentará à medida que o Homem interior crescer, e as muitas raças mencionadas na *Doutrina Secreta* não são sobre a cor da pele ou aparência física, mas sobre o nível de desenvolvimento interior.

Como mencionado no início, o fato de termos muitas cores e tons de pele e formas de corpos diversos, essa diversidade sendo um fato em toda criação da Natureza, parece fazer parte do processo de manifestação e desenvolvimento das possibilidades físicas, pelas quais a Mãe Natureza é responsável. Ela cuida do desenvolvimento da matéria, e o Pai, que é o Espírito, cuida do desenvolvimento interior. Nos livros da Sociedade Teosófica, encontramos muitas descrições dos espíritos que trabalham com a Natureza, e tudo isso é feito em um mundo silencioso e desconhecido pelo homem.

Nem o homem físico nem o homem interior estão construindo um novo corpo que servirá de veste a outra alma no mundo físico. Isso é feito pela Natureza, utilizando a matéria-prima produzida por corpos existentes. Por exemplo, uma mulher não percebe que em seu corpo um novo corpo está em formação até que sinais bem definidos comecem a revelar o processo que já está em andamento. Conhecemos casos em que a mulher percebe que está grávida depois de três ou até quatro meses e o coração do feto já está batendo. O desenvolvimento do feto era completamente desconhecido para o corpo e para ela, pois o trabalho foi feito silenciosamente pelos trabalhadores da Natureza, que são os arquitetos e construtores deste mundo transitório no qual o eterno se manifesta.

É verdade que cada país tem características próprias, com uma cultura e hábitos sociais diferentes. Este é o resultado de muitas influências, como o idioma, a história, o arranjo social e econômico, a religião e assim por diante. Não podemos dizer que uma pessoa é mais ou menos desenvolvida interiormente, espiritualmente por causa do local de nascimento ou do ambiente social em que vive. Vemos muitos exemplos de pessoas nascidas na mesma família que se comportam de forma completamente diferente. Vemos famílias que têm um membro inclinado a viver uma vida religiosa enquanto outros vivem apenas uma vida comum. Vemos pessoas cruéis que vêm de famílias nobres, ladrões nascidos e criados em boas famílias; é fato comum termos três ou mais raças nascidas na mesma família, ou seja, pessoas em diferentes níveis de desenvolvimento interior, e todos sabemos que muitas vezes um sábio tem um tolo como filho. Assim, podemos ver que a suposição de que um grupo de pessoas é mais avançado espiritualmente por causa de seu local de nascimento ou da cor de sua pele não tem base nem lógica alguma.

Quando Blavatsky fala sobre raças, ela está falando sobre os muitos estágios pelos quais o ser interior passa. Assim, à medida que se aperfeiçoa e refina interiormente, passa de um estágio a outro, que ela chama de rondas. De acordo com seus ensinamentos, em cada etapa (raça) desenvolve uma faculdade específica e também temos todas as subdivisões (sub-etapas) em cada etapa. Podemos ver quão delicado é o processo de desdobramento da consciência, e que tirar conclusões precipitadas como as que dão origem ao racismo apenas demonstra o atestado de ignorância e falta de inteligência em que nos encontramos. Devido à nossa forte identificação com o físico, não podemos ver que este apenas serve de veste ao que é eterno e imutável, e por tanto apenas seu perfume pode ser sentido naquele que está se desabrocha dentro do coração do homem. Desenvolvemos tantas formas de discriminação e classificação que achamos que podemos entender o que é inteiro com nossa mente divisiva. Este também é um sinal de nossa ignorância pretensiosa.

O que está se desabrochando em níveis internos também será visto no nível físico, mas, vê-la no físico não é tão fácil quanto poderíamos pensar, se é que é possível! Não podemos relacionar o desenvolvimento interior com a forma, ou cor do da pele no corpo manifestado. Essas características são de natureza muito sutil e podem ser vistas apenas por aqueles que estão no mesmo nível de desenvolvimento. Isso pode ser visto em uma história secular na Índia, quando o Senhor Krishna estava ensinando Arjuna durante a batalha descrita no *Bhagavad Gītā*. A certa altura, Arjuna perguntou a Krishna: "Como posso reconhecer um homem sábio, o iluminado? Como ele anda, como se alimenta ou vive?" A resposta de Krishna foi que o sábio vive como as pessoas comuns, a diferença está apenas dentro, no motivo de suas ações. Os motivos do homem comum são de natureza egoísta, enquanto o sábio age movido pelo altruísmo, ou amor e compaixão.

Como o egoísta não conhece o altruísmo, o amor ou a compaixão, é impossível para ele reconhecer o sábio, e se nos depararmos com um tão bem-aventurado, poderemos até chamá-lo de tolo. Como nossa medida é nossa própria mente, projetaremos o que somos e pensaremos que os motivos por trás de suas ações são os mesmos que teríamos naquela situação.

Os motivos do homem comum são de natureza egoísta, enquanto o sábio age movido pelo altruísmo, ou amor e compaixão.

Os ensinamentos trazidos através da *Doutrina Secreta* não estão no nível divisivo, ou da mente egocêntrica. Isso ocorre porque a mente autocentrada não pode compreender nada que não seja mecânico, pois sua natureza é dividir e classificar tudo. Para compreender todo o esquema do desdobramento da consciência e do crescimento do homem interior, é preciso encará-lo como uma unidade, não dividir e classificar as diferentes etapas do processo como boas e más, altas ou baixas.

Pode-se perguntar porque esse esquema nos foi dado afinal, já que não podemos entendê-lo. Então precisamos olhar para trás e lembrar que foi dito que a maioria dos que zelam pelo desenvolvimento humano não era realmente a favor de trazer tais ensinamentos naquele momento. Mas por causa da compaixão de dois queridos Mestres, que comovidos pela dor e a miséria para a qual a humanidade caminha rapidamente, com todos os preconceitos e superstições desenvolvidos pela má interpretação do que foi ensinado antes, decidiram arriscar e trazer água limpa da fonte eterna mais uma vez, esperando que desta vez fosse entendida até certo ponto, pelo menos.

Mas, novamente, entendemos mal os ensinamentos e pensamos em termos de divisão do melhor e do pior, do mais alto e do mais baixo. O mesmo dogmatismo começou, com alguns afirmando que apenas Blavatsky sabe; embora ela tenha dito que a Sociedade estabelecida por ela não tem ensinamentos próprios, é antes o celeiro da sabedoria de todos os sábios e professores que já pisaram na Terra. Ainda há muitos que pensam em termos de melhor e pior, não sendo capazes de ver que nós distorcemos e entendemos mal o que foi ensinado ao longo de milênios. Tudo o que precisamos é humildade para ver que tudo o que vemos, interpretamos, bem como todas as interpretações estão fadadas ao erro. Interpretamos porque não podemos ver clara e diretamente. As interpretações são coloridas pela lente através da qual olhamos. Para ver diretamente, precisamos estar livres de todas as acumulações, que são o "eu". É somente na liberdade que ocorre a percepção direta do que é.

Blavatsky também nos diz que para entender os ensinamentos da *Doutrina Secreta* é preciso transformar a mente e o coração. Ela diz que a *Doutrina Secreta* será compreendida por aqueles capazes de crescerem em bondade e compreenderem a si mesmos. Tem que haver crescimento interior para entender o que foi ensinado por ela, e não se trata de seguir um conjunto de regras ou realizar certos rituais, ou mesmo sentar em um canto por meia hora todos os dias para meditar. O crescimento interior necessário para compreender requer a capacidade de olhar para nós mesmos e encarar o que somos.

É como quando temos uma doença, enquanto não sabemos que estamos doentes não temos como tratá-la, e mesmo saber que estamos doentes não é suficiente, precisamos de um diagnóstico. Precisamos ver o que está nos deixando doentes para ter o tratamento adequado. No caso do autoconhecimento, precisamos ver claramente o que somos e entender o processo que está criando esse mundo, e ver que tipo de mundo estamos criando, porque facilmente nos enganamos e pensamos que podemos criar um mundo diferente, um mundo melhor, se mudarmos nossa forma de pensar. Essa é a maior ilusão, porque pensar, de qualquer forma, seja positiva ou negativa, é o que está criando todos os problemas que estamos enfrentando. O pensamento não pode resolver os problemas criados pelo próprio pensamento. Como disse J. Krishnamurti: "Não se pode resolver um problema com a mesma mente que o criou". E isso é bem óbvio.

A mente egoísta e egocêntrica cria as divisões e os sentimentos separativos que prevalecem no mundo. Para lidar com os problemas que a divisão criou, precisamos de uma mente que possa ver a vida como um todo, a humanidade e o ambiente em que estamos nos desenvolvendo como uma unidade, um corpo com muitas partes diferentes, mas essas diferenças não criam separação.

Geograficamente temos muitos continentes, mas juntos eles formam a Terra, um corpo que não pode ser dividido, nem separado. Da mesma forma, todos os seres vivos são de natureza distinta, mas são partes de um mesmo corpo que não pode ser separado. Se o vemos ou não, não muda o fato de que todos os seres vivos do planeta estão interligados e são igualmente importantes, um sustentando a existência do outro.

Compreender a Unidade sobre a qual falamos tão facilmente não é tarefa para a mente divisiva. Enquanto nos sentimos separados, como "você e eu", não há possibilidade de compreender a unidade da vida. Compreender é ver, é sentir que não há o outro. Ver que tudo o que vive é um é compreender a totalidade da vida. É dessa compreensão que nascem o amor e a compaixão. Quando o amor e a compaixão se manifestam nasce o verdadeiro Ser Humano.

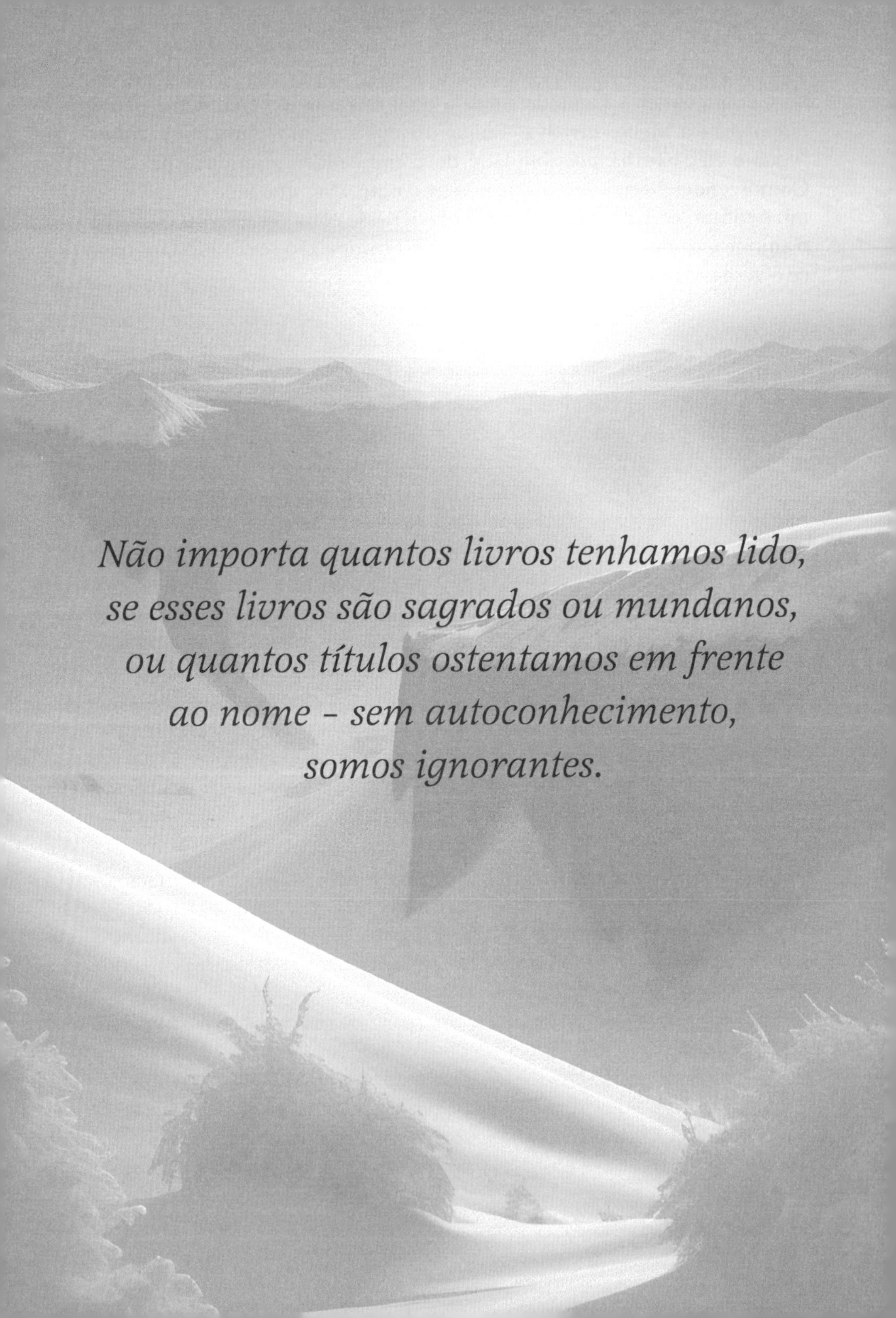

Não importa quantos livros tenhamos lido,
se esses livros são sagrados ou mundanos,
ou quantos títulos ostentamos em frente
ao nome - sem autoconhecimento,
somos ignorantes.

CAPÍTULO 7
PARA ALÉM DA ILUSÃO

Muito já foi dito e escrito sobre a Verdade. Muitos sentem que sabem o que significa viver uma vida espiritual, que conhecem o caminho, as "práticas" necessárias e como chegar à Verdade. Esquecemos facilmente o que os ensinamentos assinalam; foi dito nos *Upanishads*, por Jiddu Krishnamurti e por H. P. Blavatsky: aqueles que dizem que sabem, não sabem. A suposição de que sabemos pode ser a maior ilusão de todas. Se olharmos com atenção a história da humanidade, veremos que aqueles que pensavam saber, que tinham certezas, que criaram fórmulas e moldes para a vida, e assim se colocando numa posição autoritária de quem tem o direito de dizer como outros deveriam viver; tais pessoas trouxeram miséria e corrupção ao mundo.

Nossa estrutura social traz padrões de respostas prontas para os desafios da vida. Nossos sistemas educacionais são direcionados para moldar a mente da criança em uma direção pré-estabelecida. Assumimos que sabemos qual é o modo de vida correto e, portanto, treinamos nossos filhos para serem tão miseráveis quanto nós. Não conhecemos a liberdade, por isso temos medo de deixá-la aflorar; os seres humanos vivem na escuridão de uma prisão, e por isso temos medo do Sol brilhante fora dos muros erguidos por nossa própria mente, os muros da crença e do preconceito, os muros do "conhecimento".

Porque fomos moldados em um certo padrão, pensamos que seguir um padrão é o modo certo de viver. Cada um tem sua própria fórmula sobre o que os outros devem fazer ou ser. É claro que não aplicamos nossas teorias a nós mesmos, em nossa própria vida; mas queremos que outros as apliquem em suas vidas. Temos certeza sobre o que está errado no mundo e como deve ser corrigido, mas nos sentimos impotentes em nossa própria casa. Não sabemos como acabar com nossa tristeza, nossas incertezas cotidianas e medos profundos; nem tão pouco sabemos como conversar com nossos filhos quando eles fazem as perguntas mais simples e inocentes. O fato é que não sabemos como nos relacionar, como conviver em harmonia e cooperação. Divisão e competição tem sido o caminho nesta terra.

Então, o que realmente sabemos? Não o que pensamos saber. Já lemos muitas coisas em livros e ouvimos as conclusões de pessoas, por isso achamos que sabemos. Quanto mais lemos, mais achamos que sabemos. Quanto mais pensamos que sabemos, menos entendemos. O conhecimento fecha a porta para a compreensão; isso é muito fácil de ver, quando se está disposto a olhar. Portanto, o grande inimigo da humanidade em seu atual estágio de ignorância é o conhecimento. Isso pode parecer contraditório, mas não é, porque ignorante é aquele que não conhece a si mesmo. Não importa quantos livros tenhamos lido, se esses livros são sagrados ou mundanos, ou quantos títulos ostentamos em frente ao nome – sem autoconhecimento, somos ignorantes. Se estivermos cientes do que está acontecendo no mundo, veremos que a atual estrutura social é o resultado da ignorância humana.

A ciência avançou tremendamente nos últimos séculos, mas não foi capaz de resolver os problemas humanos mais básicos; pelo contrário, nossos problemas estão aumentando. Vivemos na era da informação — nunca antes a humanidade teve tanto conhecimento — e, no entanto, estamos enfrentando a maior crise de todos os tempos. Sabemos tanto, mas entendemos tão pouco. O conhecimento não está ajudando o homem a despertar sua natureza humana — bondade, compaixão e responsabilidade — que permanece latente. E para despertar o humano em nós precisamos nos enxergar, compreender o intrincado jogo da mente. Autoconhecimento é a chave que abre as portas dessa prisão autoimposta, é o caminho para a liberdade, e essa liberdade não é se libertar de algo, e sim se libertar do "eu" e do "meu". Sem liberdade, adquirir cada vez mais conhecimento inevitavelmente leva à autodestruição, como podemos ver isso acontecendo bem diante dos nossos olhos: a destruição insana do meio ambiente, a poluição da água e do ar, e o envenenamento deliberado de nossa própria comida. Estamos destruindo nossa própria casa e somos incapazes de vê-lo; e porque nos recusamos a ver a raiz, a causa da destruição, somos incapazes de pará-la.

Para ir além da ilusão, primeiro precisamos entender o mundo criado por ela; o mundo em que vivemos; um mundo que não conhece compaixão e que está se tornando cada vez mais violento, brutal e competitivo. Há quem diga que a competição é o caminho; que precisamos ser competitivos para progredir. E isso só mostra o quão pouco entendemos. Precisamos questionar o que chamamos de progresso e civilização. Ensinar crianças na escola a ser competitivas é um crime contra a humanidade, pois a competição mata o espírito cooperativo, e ensinar às crianças uma fórmula para a vida, dizendo-lhes o que devem sentir, como devem amar, ou pior; dizer-lhes o que é o amor, é matar a inocência e tornar a mente embotada. A verdadeira educação é permitir que a criança pense por si mesma, não ensiná-la o que pensar. Até agora não entendemos esse fato tão simples e óbvio.

Blavatsky nos alertou sobre a necessidade de compreender os caminhos e meios da mente, para que não sejamos mais escravos de suas teias. Logo na primeira página em *A Voz do Silêncio*, ela diz: "A mente é a assassina do Real. Deixe que o discípulo mate o assassino." E torno a lembrar o que ela disse há mais de cem anos, que devemos "procurar o rāja [o rei] dos sentidos, o produtor do pensamento, aquele que desperta a ilusão". Porém, quantos de nós realmente damos atenção a este ensinamento básico? Muito poucos, nos parece.

Krishnamurti viajou pelo mundo por mais de sessenta anos explicando de mil maneiras diferentes essas curtas e profundas linhas escritas por Blavatsky. Quantos de nós somos capazes de ouvi-lo? Nenhum professor antes de Krishnamurti foi tão profundo e explicou de maneira tão detalhada o despertar das ilusões e os meios e caminhos da mente — o assassino do real. Mas porque sua linguagem é simples e ele não se apresenta como uma figura com autoridade e não promete nada, muito poucos são capazes de ouvir.

Krishnamurti não afirma saber, ele nos convida a viajar com ele, a descobrir por sós mesmo, a caminhar juntos como amigos; e caminhar juntos é muito difícil para a maioria de nós, porque estamos acostumados à autoridade, idolatramos autoridade, a autoridade estabelecida pela mente. Somos incapazes de ver a natureza destrutiva da autoridade no campo psicológico

Para ir além da ilusão, precisamos sentir a necessidade, levar o assunto a sério e sermos capazes de ficar sozinhos. Assim, a primeira coisa a perceber é a nossa própria ignorância; novamente Blavatsky havia alertado sobre isso. Mas gostamos de pensar que somos grandes e que sabemos. É a vaidade que nos cega e, em vez de começarmos pelo primeiro passo, pensamos que podemos saltar para o último sem nunca dar o primeiro. Ao invés de começar a caminhada, pensamos que podemos começar pela chegada. Mas não há atalhos ou milagres que possam nos fazer entender o mecanismo que cria ilusões, essa máquina pensante chamada "mente". Pode nos parecer possível, afinal, a mente é especialista em faz de conta.

> Para ir além da ilusão, precisamos sentir a necessidade, levar o assunto a sério e sermos capazes de ficar sozinhos. Assim, a primeira coisa a perceber é a nossa própria ignorância.

Não há outra saída da prisão autoimposta em que a maioria de nós vive. Autoconhecimento é a chave, e isso ficou claro por Blavatsky quando ela escreve no prefácio de *A Voz do Silêncio*:

> *O Livro dos Preceitos Áureos - alguns dos quais são pré-budistas, enquanto outros pertencem a uma data posterior - contém cerca de noventa pequenos tratados distintos. Destes, aprendi trinta e nove de cor, anos atrás. Para traduzir o resto, eu teria que recorrer a notas espalhadas entre um número muito grande de papéis e memorandos recolhidos nos últimos vinte anos e nunca ordenados, para tornar isso de qualquer maneira uma tarefa fácil. Nem todos eles poderiam ser traduzidos e dados a um mundo muito egoísta e muito apegado aos objetos dos sentidos para estar de alguma forma preparado para receber tão exaltada ética no espírito correto. Pois, a menos que um homem persevere seriamente na busca do autoconhecimento, ele nunca dará ouvidos a conselhos dessa natureza.*

Aqueles que estudam *A Voz do Silêncio* entendem que o autoconhecimento está no começo; é o primeiro passo. Sem ele, estamos cegos e surdos para assuntos espirituais. Portanto, é pior do que inútil continuar lendo livros se não estivermos dispostos a empreender a jornada interior que revelará as ilusões projetadas pela mente.

Muitos dizem que ir além da ilusão é para poucos; que não é para todos; preferimos dizer que é para aqueles que são sérios, para aqueles que estão interessados na Verdade e dispostos a fazer o que quer seja para encontrá-la. É para aqueles que já não se deixam hipnotizar pela doce cantilena das ilusões despertadas pelo desejo de conforto, seja físico ou psicológico. Assim, a verdadeira dificuldade nesta questão é o quanto estamos dispostos a abrir mão — o quanto estamos dispostos a olhar, a entrar profundamente em nós mesmos. Os sábios nos dizem que o "eu" é a ilusão primordial. Intelectualmente, sabemos disso, mas não podemos compreender ou ver o fato. Não percebemos que esse "eu" é criação da mente e que enquanto não entendermos seus caminhos e meios de se emaranhar nas próprias teias, não seremos capazes de ver as ilusões que são seus frutos.

A mente é uma ferramenta cega destinada a ser usada pela inteligência, e nossa dificuldade é que transformamos uma ferramenta cega no rei supremo — um rei cego adorado pela ignorância. A ilusão de que há inteligência em uma mente divisiva é criada pela falsa impressão de que, por termos desenvolvido muita tecnologia, somos inteligentes. Mas tecnologia é basicamente o conhecimento do processo mecânico das coisas, e a verdadeira inteligência está muito além do mecânico. Para que a inteligência surja é necessário o despertar da mente e do coração; inteligência significa amor, compaixão e responsabilidade. Responsabilidade é a capacidade de responder e, para responder precisamos primeiro ser capazes de ouvir; e para ouvir, precisamos ser sensíveis, portanto, para que a inteligência floresça, precisamos trabalhar muito; não é trabalho para uma mente preguiçosa, uma mente adormecida por crenças. A mente mecânica e, portanto, sem a luz da inteligência está fadada a criar cada vez mais miséria, como vem acontecendo no mundo.

É a ilusão da separação, que nos dividiu em "eu" e "você", meu país e seu país, e essa divisão está destruindo a casa em que vivemos — a Terra. O poder da ilusão é tal que nos torna cegos e incapazes de ver que estamos destruindo o próprio útero em que estamos nos desenvolvendo. Nos últimos 50 anos, em nome disso que orgulhosamente chamamos de "progresso", destruímos o meio ambiente a uma velocidade inacreditável. Somos cegos e pensamos que somos pessoas inteligentes e civilizadas, mas a realidade mostra o contrário. Somos tão bárbaros quanto éramos há dois mil anos ou até mais. Temos que mudar agora, não no futuro, porque nosso comportamento agressivo se tornou uma ameaça à vida neste planeta.

Para transformar a sociedade em que vivemos, precisamos nos transformar, e isso é óbvio, não podemos ter uma sociedade diferente com o mesmo tipo de mentalidade que criou essa bagunça. Para trazer ordem ao mundo, precisamos primeiro trazê-la para dentro de nós mesmos. Pensar que podemos ajudar a humanidade a partir de nossos pensamentos, sentimentos e comportamentos desordenados e conflitantes é o mesmo que acreditar que é possível limpar uma casa usando um esfregão sujo e água barrenta. Ir além da ilusão é acabar com o "eu", a ilusão primeira e a fonte de toda miséria e degeneração humana.

Ir além da ilusão é acabar com o "eu", a ilusão primeira e a fonte de toda miséria e degeneração humana.

Giordano Bruno não era cientista, nem astrônomo, e em sua época não havia uma única ferramenta disponível para observar o céu, as estrelas ou os planetas. Tudo o que ele tinha eram dois olhos, uma mente clara com coragem para duvidar das crenças estabelecidas, e insights *que colocariam diante de seus olhos internos todo o Universo.*

CAPÍTULO 8
GIORDANO BRUNO

Em 1548, em Nola, na Itália, a esposa de um soldado, Giovanni Bruno, deu à luz um menino que chamaram de Filippo Bruno. Aos onze anos, o menino foi enviado a Nápoles para ser educado; aos dezessete, Filippo mudou de nome ao ingressar na Ordem dos Frades Dominicanos. Era costume naqueles dias mudar o nome ao ingressar numa ordem religiosa. Para homenagear seu tutor de metafísica, Giordano Crispo, com quem estudou desde os quinze anos, Filippo Bruno tornou-se Giordano Bruno e foi ordenado frade aos vinte e quatro anos. Ao mesmo tempo em que se distinguia por suas incríveis habilidades de memória, o gosto de Bruno pelos livros proibidos e o livre pensamento também cresciam e logo o colocariam em apuros; no entanto, ele permaneceu na Ordem Dominicana por onze anos.

Naquela época, o Vaticano havia criado um índice com livros proibidos e aqueles que ousassem lê-los eram rotulados como hereges. Durante seu julgamento, muitos anos depois, Bruno disse que foi instaurado um processo contra ele duas vezes durante aqueles anos como frade dominicano, uma vez quando ele tirou todas as imagens dos santos de seu quarto, ficando apenas com o crucifixo, e quando recomendou um texto polêmico a um novato. E quando soube que um panfleto proibido, com suas anotações manuscritas havia sido descoberto, e uma acusação estava sendo preparada, fugiu deixando para trás seu hábito religioso.

A partir de então Bruno viajou por toda a Europa como filósofo errante. Costumava revisar textos para ganhar o suficiente para suas despesas diárias, e também dava palestras em universidades e arenas onde os estudiosos costumavam se reunir. Suas habilidades com a memória impressionaram reis, rainhas e muitas figuras eminentes que logo se tornaram seus amigos. Foi por causa dessas amizades que Bruno pôde publicar suas teorias. Em suas próprias palavras:

> *Ganhei tal nome que o Rei Henrique III me convocou um dia para descobrir de mim se a memória que eu possuía era natural ou adquirida através de arte mágica. Eu o convenci de que não vinha da*

> *feitiçaria, mas do conhecimento organizado; e, em seguida, mandei imprimir um livro sobre memória, intitulado As sombras das idéias, que dediquei a Sua Majestade. Imediatamente ele me deu o extraordinário título de Palestrante, com um salário.*
>
> William Boulting, *Giordano Bruno: His Life, Thought, and Martyrdom, 1916.*

Um amigo disse sobre Bruno: "ele... homem forte e triste, que pensa por si mesmo e carrega o fardo sozinho". (Ibid.)

Bruno negou a ideia de um centro no Universo. Ele afirmou que o Universo é infinito e sem centro, que Deus está em tudo e em toda parte, que existem inúmeros mundos no Universo, que nesses mundos existem criaturas vivas, os seres humanos sendo apenas uma entre infinitas formas de criaturas em infinitos universos, e que Deus não tem preferência por nenhuma de suas expressões e todas as criaturas vivas têm o mesmo direito de viver, sendo todas, a expressão de Deus. Bruno também negou as doutrinas católicas centrais, como a condenação eterna, a Trindade, a virgindade de Maria e a divindade de Cristo, e falou abertamente sobre a reencarnação, que chamou de transmutação da alma.

Bruno negou a ideia de um centro no Universso.
Ele afirmou que o Universo é infinito e sem centro,
que Deus está em tudo e em toda parte.

Para ele, Deus era a própria vida. Diferente da crença estabelecida naqueles dias no mundo ocidental, que via Deus como uma figura autoritária, julgando a torto e a direita, Bruno descreveu Deus como a energia onipresente que brilha dentro de cada criatura. Disse também que a Terra é viva, tem alma, e que da mesma forma que nossos corpos são feitos de pedaços da Terra, nossa alma individual vem do Espírito da Terra; e que o Espírito Santo é de fato o Espírito do planeta.

Com tais ensinamentos, não é difícil entender o trágico destino de Bruno. Ele foi considerado culpado de heresia pela Igreja Católica Romana e, como não negou sua teoria, foi queimado na fogueira em 17 de fevereiro de 1600. Era um ano de jubileu. Roma estava cheia de peregrinos de toda parte da Europa; aqueles poucos que sabiam ler podem ter visto um pequeno aviso informando que um obstinado herege de Nola foi condenado à morte, sendo autor de opiniões horrendas, às quais aderiu mesmo depois de ser doutrinado por teólogos durante sete anos na prisão do Santo Ofício.

Intolerância, dogmatismo, superstição e fundamentalismo foram, são e sempre serão as pedras no caminho para o progresso interior do homem. A Igreja tinha certeza sobre o Universo e sabia tudo sobre Deus. Não havia mais nada a ser descoberto. Estava tudo resolvido, rituais e orações, tudo conhecido. Para ser salvo, devia-se seguir o padrão e nunca questionar; pois questionar também era considerado heresia! Mas Bruno não podia guardar para si suas descobertas, era demasiado importante para ficar calado. E foi com uma ingenuidade infantil que exclamou a sua visão de um Universo sem centro e a unidade de vida.

Foi por causa de seu espírito ousado que a vida mudou consideravelmente, a ciência progrediu e hoje a arrogância de quem "tudo sabe" não tem mais lugar na ciência. Em vez de começar com afirmações, a ciência de hoje começa com questionamentos, dúvidas. Da mesma forma, a religião precisa mudar. Precisamos questionar, duvidar também em questões religiosas, porque a nova geração não aceita mais velhos dogmas e rituais. É um fenômeno global em que a juventude está se rebelando e não aceita as velhas e bem definidas formas de religião.

Da mesma forma que a ciência mudou e enxergou a verdade sobre o universo externo, a religião também precisa explorar a verdade sobre o universo interno. O homem aceitou a dúvida no campo científico, mas ainda não consegue abrir mão de formas dogmáticas e assertivas de pensar quando se trata de religião. A psique humana está em constante mudança, e agora chegou a um ponto em que exige uma mudança completa na maneira como entendemos e vivemos a religião. É nosso trabalho introduzir a mente científica à religião, uma mente que é livre para explorar, que sabe duvidar, que pensa por si mesma e um coração que conhece o amor e a compaixão.

A Luz que Bruno trouxe era para brilhar sobre ciência e religião, não para separá-las; na verdade, se compreendida, isso as uniria. Embora a ciência tenha aceitado o desafio, ela mudou; a religião recuou e pareceu incapaz de dar o próximo passo, que é questionar seus dogmas e crenças. Como resultado dessa visão religiosa obstinada, criamos um mundo cada vez mais brutal, e o fanatismo religioso e o fundamentalismo estão crescendo e se tornaram um perigo para a sobrevivência da própria raça humana.

A Luz que Bruno trouxe era para brilhar sobre ciência e religião, não para separá-las; na verdade, se compreendida, isso as uniria.

Bruno não era cientista, nem astrônomo, e em sua época não havia uma única ferramenta disponível para observar o céu, as estrelas ou os planetas. Tudo o que ele tinha eram dois olhos, uma mente clara com coragem para duvidar das crenças estabelecidas e insights que colocariam diante de seus olhos internos todo o Universo. A vida andava nua diante dele, nem a Mãe Natureza guardou segredos, nem o Pai, o Espírito Santo. Bruno foi um Filho amado, nutrido em mundos onde o pensamento não alcança.

Giordano Bruno, o portador da Verdade, viveu e morreu por ela. Mesmo preso pela Inquisição, onde as torturas eram conhecidas e justificadas como forma de ajudar o pecador a expurgar seus pecados contra o Santo Ofício, Bruno nunca mudou sua teoria. No final, quando o inquisidor estava prestes a pronunciar sua sentença de morte, diz-se que se dirigiu ao juiz dizendo: "Talvez o seu medo de me julgar seja maior do que o meu em receber seu julgamento".

Hoje, 17 de fevereiro de 2018, mais de quatrocentos anos desde aquele dia horrendo, nos reunimos para celebrar o Dia de Adyar. Parece importante lembrar que Adyar surgiu para evitar que esse tipo de atrocidade acontecesse novamente. Adyar é um oásis de Luz em meio a escuridão de um mundo materialista. Um lugar onde os portadores da Verdade deveriam ser acolhidos e encorajados a nos ajudar a questionar e duvidar.

Manter a Luz brilhando nos próximos anos é uma tremenda responsabilidade e não é tarefa fácil. Requer trabalho duro de nossa parte; exige tudo de nós, e requer nossa própria vida para chegar ao núcleo de paz e silêncio que repousa no coração de Adyar.

Hoje lembramos aquele momento trágico na história da humanidade – quase 800 anos de terror em nome do que chamamos deus. A Inquisição começou no século 12 e terminou no século 19, em algum tempo entre 1813 e 1825. A Inquisição começou para combater o mal, e se tornou o mal que pretendia combater. Esta é uma lei da Natureza, que foi ensinada por J. Krishnamurti e Buda.

Krishnaji diz: "Certamente, aquela coisa que você combate, você se torna. Se eu sou mau, e você me combate com meios malignos, então você também se torna mau, por mais justo que possa se sentir". O Buda disse:

"O ódio não cessa pelo ódio em nenhum momento. O ódio cessa através do amor. Esta é uma lei inalterável." Sabendo de tudo isso, não podemos deixar de perguntar: e se a Igreja tivesse ouvido Bruno? Se os seres humanos pudessem aprender uns com os outros? Se a humildade tivesse lugar no coração do homem? Se pudéssemos deixar o amor florescer em vez de alimentar o medo? Se fossemos capazes de aprender, certamente estaríamos vivendo em um mundo muito diferente hoje!

Então, não podemos deixar de nos questionar: estamos prontos para apoiar aqueles que se põe contra a corrente, que trazem uma mensagem que não pode ser compreendida pela maioria das pessoas de seus dias? Pois a Verdade não faz concessões, não tem amigos nem inimigos, não oferece nada e nos tira tudo. Tira o próprio chão debaixo de nossos pés, porque o chão em que nos sustentamos também é feito de ilusões.

Estamos na posição de pensar por nós mesmos e ficar sozinhos? O Dia de Adyar é o dia em que celebramos a vida daqueles que tiveram a dignidade de defender a Verdade; viver e morrer por isso. Adyar existe para ser um lar para aqueles que carregam a luz da Verdade em um mundo sombrio de ilusões e ignorância, pois os amigos desta luz são aqueles que, mesmo estando sozinhos, caminham juntos porque compreendem.

Se pudermos aprender com os erros de ontem e não repeti-los, talvez seja possível para nós, seres humanos, vivermos em um mundo diferente. Daqui a alguns anos, talvez as pessoas olhem para trás; e de pé aqui, neste mesmo lugar, a sede de uma sociedade que está sozinha — que viva para a Verdade, nada além da Verdade — talvez lembrem-se do dia em que aprendemos com nossos erros e seguimos em frente, o dia em que aprendemos a ouvir, a amar , e a deixar de lado as certezas e as formas dogmáticas de pensar. Será nesse dia, quando o lema desta Sociedade, "Não há religião superior à Verdade", será honrado e Adyar florescerá espalhando o perfume da sabedoria por toda a nossa amada Terra.

Cabe a nós fazer acontecer, manter a chama desta Luz, a luz de Adyar viva e perpetuar um lar para a Verdade.

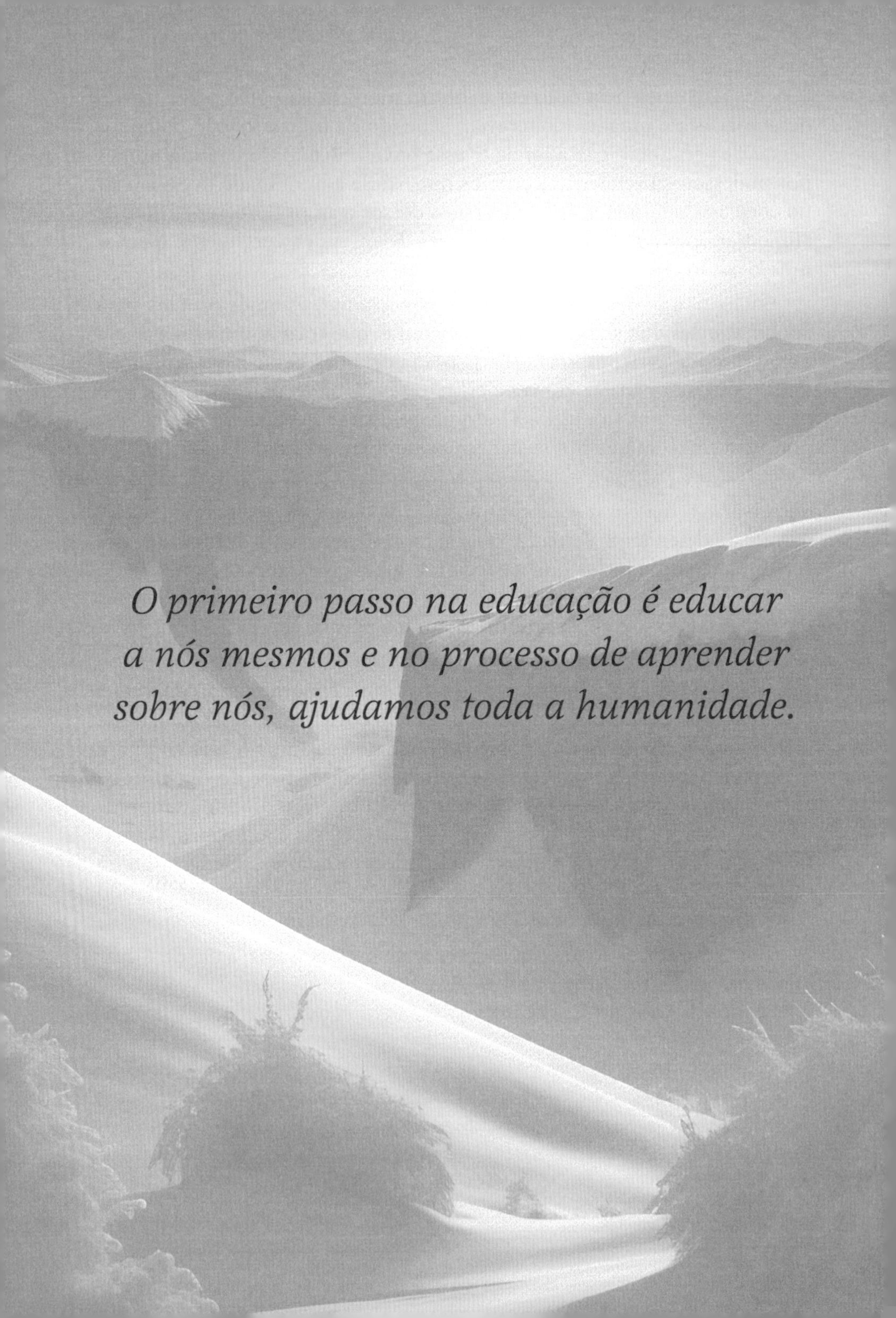

O primeiro passo na educação é educar a nós mesmos e no processo de aprender sobre nós, ajudamos toda a humanidade.

CAPÍTULO 9
QUAL É O NOSSO PAPEL NA EDUCAÇÃO?

A maioria de nós está ciente dos problemas que, como humanidade, estamos enfrentando no mundo moderno. Não há necessidade de repeti-los ou detalhar o que está acontecendo. É claro que estamos enfrentando uma crise sem precedentes na história humana. Se alguém acompanha as notícias diárias, não pode deixar de ficar preocupado e profundamente triste com os eventos terríveis que estão ocorrendo em todo o planeta.

A pergunta que fazemos hoje: "Qual é o nosso papel na educação?" é relevante para quem é sério e sente a necessidade de mudança. Porque é de nossas escolas que saem aqueles que vão governar o mundo, e foi nosso sistema educacional que possibilitou que ditadores e criminosos destruíssem mais de um país.

Pessoas altamente intelectualizadas, com o coração seco, são o resultado de nossas ideias errôneas sobre educação. Há dois aspectos nesta questão que gostaríamos de explorar hoje. Uma delas é: "Qual é o papel de cada um, o seu e o meu, na educação?" A outra é: "Qual é o papel de uma organização, como a Sociedade Teosófica (TS), na educação?"

Podemos ter a impressão de que a responsabilidade pela educação é dos professores nas escolas, e que você e eu, que não realizamos essa tarefa vital de maneira profissional, não temos interesse na educação; portanto, podemos simplesmente viver nossas vidas sem pensar muito no assunto. Isso parece ser um erro.

O que queremos dizer quando falamos "educação"? Foi um dos nossos erros acreditar que educar é instruir, treinar a criança em matemática, história, geografia e assim por diante. Por muito tempo acreditamos que formação acadêmica é educação. Mas se olharmos atentamente para o mundo que essa assim chamada educação criou, logo reconheceremos que estamos pagando um alto preço por esse erro mortal.

Por gerações temos desenvolvido a capacidade da mente através do intelecto mecânico, cego. Na sociedade moderna adoramos o intelecto como o novo deus. A explosão tecnológica nos deixa orgulhosos e esquecemos que tecnologia é apenas o resultado da mente mecânica, da maquinaria, da mente treinada. Não estamos tentando crucificar a tecnologia; estamos apenas apontando o fato, que desenvolvemos apenas o aspecto material da vida humana e negligenciamos o mais importante, que é o coração, o espírito.

Nos tornamos inteligentes e insensíveis. Esse é o resultado da crença de que encontraremos nos compartimentos de uma mente dividida tudo o que precisamos. Mas como H. P. Blavatsky diz, em *A Voz do Silêncio*:

> *A ignorância é como um vaso fechado e sem ar; a alma um pássaro encerrado dentro... e de exaustão morre. Mas mesmo a ignorância é melhor do que o aprendizado mental sem nenhuma Sabedoria da Alma para iluminá-lo e guiá-lo.*

Hoje podemos ver o quão trágico o aprendizado puramente mental pode ser. Nossas tão alardeadas conquistas em tecnologia estão criando inferno na Terra. As pobres vacas são ordenhadas noite e dia sem piedade; galinhas são colocadas para comer sem descanso. É desnecessário continuar mostrando o cenário infernal criado por uma supermente, sem inteligência por trás para guiá-la em um modo de vida humano e compassivo. Somos levados a acreditar que está tudo bem, que a tecnologia é a melhor coisa que já aconteceu à humanidade. Mas a realidade é bem diferente, e se olharmos com cuidado, veremos que o preço que estamos pagando por um banho quente é demasiado caro.

Fomos tornados insensíveis pelas escolas que treinam, moldam e dirigem nossas mentes. Não podemos ver o sofrimento que está acontecendo no mundo porque somos especialistas em ver apenas o lado "bom" das coisas. "Não seja pessimista, olhe para o lado bom das coisas", é o mantra da sociedade moderna. O fato é que é tarde demais para ser pessimista ou otimista; precisamos ser realistas e olhar para a vida como ela é.

Precisamos assumir a responsabilidade pelo que está acontecendo no mundo que criamos e vê-lo como realmente é, não como deveria ser — o ideal, que é outra forma de distração e uma forma de evitar os fatos, e não nos leva a lugar algum além de onde já estamos. Não existe bom e nem ruim, existem apenas fatos. Bom e mau é criação da mente, que por natureza é cega e, portanto, não consegue ver o fato, e assim divide e classifica como "bom" ou "ruim".

Qual é a responsabilidade de cada um na educação? Primeiro, precisamos aprender a olhar, a ouvir; basicamente precisamos aprender. Mesmo esse ato simples e básico está enterrado sob uma enorme quantidade de treinamento que recebemos ao longo de nossa vida, e não sabemos o que significa estar constantemente aprendendo. Para aprender sobre a vida precisamos estar livres do conhecimento psicológico acumulado; e armazenar apenas o que é essencial no dia a dia. Para aprender precisamos estar em um estado de "não-saber", o que é muito difícil para a maioria de nós, porque fomos treinados para saber, para tirar conclusões. Assim, o primeiro passo na educação é educar a nós mesmos; e, claro, nesse processo de aprender sobre nós, estamos ajudando toda a humanidade.

O processo de educação tem mais a ver com aprender do que com ensinar. Isso não é novidade. Já foi dito há muito tempo que o verdadeiro professor é aquele que ajuda o aluno a trazer à tona o que está latente nele. A grande maioria de nós já leu pelo menos uma vez que tudo o que precisamos saber está dentro de nós; portanto, todos sabemos que o movimento que ocorre na educação não é do exterior para o interior, mas é sempre um despertar daquilo que se encontra adormecido no interior.

O verdadeiro professor é aquele que ajuda o aluno a trazer à tona o que está latente nele.

O esforço necessário não é o de inserir, mas sim, remover os obstáculos que estão bloqueando o fluxo interno. E esses obstáculos são criados pela mente, são os desejos sem fim que precisam ser vistos e abandonados. Precisamos aprender a olhar, a ver o que somos na realidade, não em teoria.

Parece-me que o básico a entender sobre educação é que precisamos aprender, e que só podemos ensinar enquanto aprendemos. Portanto, estar em estado de constante aprendizado é a única maneira de ensinar. Isso pode soar um pouco estranho porque estamos tão acostumados a sair, para instruir os "outros" no que é certo e errado, que temos dificuldades em olhar por outro ângulo. Mas foi essa atitude de endoutrinação, que trouxe violência e brutalidade, com todas as suas terríveis derivações. Porque, se eu sei o que é certo, significa que cheguei a uma conclusão a ser imposta a você. E se você se recusar a viver de acordo com minha conclusão, eu o julgo; e porque tenho certa autoridade, certos poderes, você tem medo; e por medo você se curva. Mas o que não vemos é que o medo traz em si as sementes da violência, e esta crescerá em muitas direções, se espalhará como erva daninha, criando um mundo tão familiar a cada um de nós.

Agora, qual é o papel de uma organização como a ST na educação? Esta pergunta é importante porque a maioria de nós, membros desta Sociedade, está interessada em dar algo ao mundo, o que também significa educação. Gostaríamos de ensinar algo ao mundo. HPB disse que a ST surgiu para deixar o mundo saber que existe uma tal coisa como a Teosofia.

Então, como vamos deixar o mundo saber sobre Teosofia? Como vamos ensinar ao mundo sobre amor, compaixão, e sabedoria? Não há como ensinar, a não ser pelo exemplo. Precisamos ser um exemplo vivo de que os seres humanos podem conviver com respeito e cuidando uns com os outros, de que é possível criar um equilíbrio entre a mente e o coração. Isso não é só dentro da ST, mas onde quer que estejamos, em nossa vida diária, com nossos filhos, empregados, amigos e assim por diante.

Como vamos fazer isso? Uma vez que sabemos, e tem sido dito, que as fraquezas humanas são as mesmas tanto fora quanto dentro da ST, o que torna possível para nós, os que estão dentro da ST, ensinar aqueles que estão fora? É o fato de termos lido certos livros? Mas então, todas as religiões também têm livros que consideram sagrados. Portanto, não parece ser sobre livros ou sobre o que estes contêm.

Talvez o segredo exista se estivermos dispostos a aprender, porque isso é tudo o que podemos fazer. Aprender, deixar ir as coisas da mente. Aprender a esvaziar a mente e, à medida que ela se esvazia, dá lugar ao fluxo que vem do coração. E, à medida que aprendemos, ensinamos. É um movimento que ocorre ao mesmo tempo. Não existe aquele que "sabe" e agora vai ensinar. Só existem aqueles que estão abertos ao aprender e o aprendizado constante é o ensinamento.

Se nós, como grupo, quisermos entrar na arena do ensino de crianças, como seria isso? Quem está aberto ao movimento da vida e aprende com tudo, a cada momento, as pessoas nesse estado de espírito decidem ajudar as crianças a ver a importância de estar aberto e nunca fechar a porta e dizer "eu sei". Ajudar a criança a permitir que aquilo que já está semeado dentro dela floresça e espalhe seu perfume no mundo, é a maneira de ensinar e cuidar de uma criança. Por onde devemos começar?

Antes de tudo, precisamos criar um espaço onde a criança seja livre para explorar sem ser julgada ou reprimida. Um lugar onde ela se sinta segura para fazer perguntas e onde se sinta livre para aprender mais sobre a pergunta e não focar em obter respostas prontas. Um lugar onde o medo não pode entrar e não é permitido que faça sua morada no templo da vida.

A escola é o lugar onde o coração pode se abrir e a sensibilidade faz parte do dia a dia.

É de fundamental importância criar equilíbrio entre mente e coração. É importante lembrar que quando falamos da abertura do coração, não estamos falando da emotividade, pois as emoções também fazem parte da mente. O equilíbrio entre mente e coração traz algo completamente diferente das emoções conhecidas. Tem uma qualidade que não pode ser conhecida pela mente e nasce quando a mente e o coração se unem. Assim como as células reprodutivas masculinas e femininas se unem e geram um ser completamente novo; da mesma forma, quando mente e coração estão equilibrados e se unem no mesmo nível, abre-se a porta para a dimensão da compaixão, que é filha do equilíbrio.

Se olharmos para o mundo criado pelo crescimento desequilibrado onde a mente é estimulada e o coração negligenciado, veremos que a solução é trazer harmonia e equilíbrio. Que para curar a degeneração que ocorreu por falta de inteligência, precisamos remover as pedras da ignorância e permitir o fluxo do amor. Afinal, só quem conhece o amor pode, e vai, assumir a responsabilidade de aprender com tudo e com todos.

A escola é o lugar onde o coração pode se abrir e a sensibilidade faz parte do dia a dia.

Aprender a viver uma vida espiritual, conectar-se com a Natureza e permitir a cura do planeta, é o nosso papel na educação. É papel das pessoas espirituais encontrar a saída do modo de vida destrutivo e materialista que está consumindo o próprio útero no qual estamos desenvolvendo o Ser real, o ser interior; e assim possamos ter um novo capítulo na existência humana neste planeta — uma era de paz e desenvolvimento espiritual. O tempo de fazer é agora, não há amanhã.

Porém, é importante lembrar que para oferecer sabedoria ao mundo, temos primeiramente que viver de maneira sábia, pois sabedoria não é um produto a ser comercializado, ou mesmo dado, como se faz com mercadorias ou serviços.

CAPÍTULO 10
TEOSOFIA NO MUNDO MODERNO

Quando falamos em Teosofia, o que queremos dizer com isso? Será que estamos falando de um conjunto de livros? Ou é uma doutrina fixa com ideias fixas sobre a vida, o homem e o Universo? Se é uma visão fixa de alguém ou de um grupo, significa que estará ultrapassada em algum momento, porque uma pessoa ou um grupo de pessoas se expressa de acordo com a língua e os costumes da época em que vivem. Isso significa que se temos um certo número de livros escritos em um determinado momento da história humana e chamamos isso de Teosofia, estamos cometendo um erro grosseiro.

Por exemplo, se consultarmosos os livros escritos por Annie Besant no século passado, quando a humanidade enfrentava problemas diferentes, quando ainda não tínhamos visto os horrores da Segunda Guerra Mundial e nem pensávamos que os seres humanos fossem capazes de uma filosofia tão cruel e desumana como a desenvolvida por aqueles que acreditam em superioridade e inferioridade entre seres humanos, e a partir dessa crença criaram o holocausto; quando não tínhamos visto o efeito horrendo da bomba atômica, se formos a esses livros em busca de respostas para os problemas do mundo de hoje, veremos que eles falham em abordar o problema adequadamente, pois a abordagem daquela época era compatível com a psique dos seres humanos daqueles dias.

Sabemos que a psique humana está mudando constantemente, adquirindo mais e mais complexidades e que para compreender e ser capaz de atender a necessidade de novas gerações não podemos ficar presos a ideias ou entendimentos do passado. Precisamos nos mover e aprender a deixar ir o que não se aplica mais. Precisamos entender o cenário do mundo atual. Reclamar e dizer como era maravilhoso quando as pessoas costumavam respeitar e considerar a tradição e a religião, não vai ajudar. Isso porque não podemos parar o que foi colocado em movimento, e a força motriz por trás da atual situação mundial somos nós mesmos, somos eu e você. A maneira como vivemos, as coisas em que acreditamos estão apoiando os acontecimentos no mundo.

Então, se dissermos que a Teosofia é um conjunto de regras de como viver, ou que é a única coisa que pode nos ajudar a sair do caos atual, diríamos que estamos certos e também errados. Erramos quando tomamos a Teosofia como uma ideia fixa, ou algo que pode ser definido e guardado para ser aplicado como a mesma solução preestabelecida para todos os problemas. Mas estamos certos porque se pudermos encontrar a Teosofia, que também significa sabedoria, se pudermos crescer interiormente até um certo grau de compreensão sobre nós mesmos, que é a própria vida, então poderemos enfrentar os desafios do dia a dia de uma maneira completamente diferente.

Talvez possamos também perguntar qual é o papel da Sociedade Teosófica no mundo moderno. Esta pergunta parece importante porque a maioria de nós, membros desta Sociedade, gostaríamos de ajudar o mundo a se tornar um lugar melhor para as gerações futuras, e podemos acrescentar que a geração futura somos nós, porque em nós, aqui e agora, vive o passado, o presente e o futuro da humanidade. Então, estamos interessados em viver em um mundo melhor, mais compassivo e humano. Estamos trabalhando para que a humanidade, que somos nós mesmos, encontre um modo de vida sábio, para que possamos desenvolver nossas capacidades humanas de maneira completa.

Para descobrir o papel de qualquer organização no cenário mundial atual, precisamos ver o que essa organização tem a oferecer ao mundo. Não devemos presumir, em nenhum momento, que o que estamos oferecendo é o que o mundo precisa, devemos observar atentamente e questionar a qualidade do que temos a oferecer. Isso porque foi historicamente comprovado que quando tomamos algo como garantido, nos pomos a dormir, o que significa que não estamos mais atentos, nos tornamos descuidados e cheios de arrogância. E é dessa maneira que muitas organizações perderam vitalidade. Portanto, não devemos cair na mesma armadilha repetidamente. Precisamos estar atentos a cada passo neste caminho e a tudo o que fazemos ou dizemos, e manter a Sociedade viva, respirando ar fresco durante toda sua existência.

O que pode levar à sabedoria é o mesmo em qualquer tempo; não muda, é eterno e imortal. Estando fora do tempo, vem de uma dimensão livre de mudanças e transformações, que só podem ocorrer no tempo e no espaço. Quando nós, seres humanos, que vivemos na dimensão do tempo e do espaço, tentamos apreender, segurar e armazenar o que não pode ser contido, cometemos o erro de pensar que podemos manipular a verdade, e com esse erro congelamos, cristalizamos as águas correntes de um rio sem limites. Não há como trazer a sabedoria para a dimensão do tempo, porque a natureza da dimensão na qual a sabedoria flui eternamente, sua natureza é completa, sutil e não pode ser confinada a uma moldura, enquanto a natureza da mente humana é dura, divisiva, vive em definições e conclusões.

Então, qual é o papel de uma sociedade como a ST em qualquer tempo? Talvez seja o de abrir caminhos para as águas correntes do rio sem fim da sabedoria para aqueles que estão com sede. Não se pode obrigar quem não tem sede a beber água, da mesma forma, a sabedoria não se impõe. Porém é importante lembrar que para oferecer sabedoria ao mundo, temos primeiramente que viver de maneira sábia, pois sabedoria não é um produto a ser comercializado ou mesmo dado, como se faz com mercadorias ou serviços.

A ST nasceu para ser um oásis em um deserto de corações áridos. Para chegar à sabedoria, o primeiro requisito é ter um coração capaz de amar; um coração sensível ao sofrimento do mundo. Portanto, é também o papel de uma sociedade que visa ajudar a humanidade, mostrar o caminho da bondade, da gentileza. E não há outra maneira de ensinar a não ser pelo exemplo. Para plantar a semente do cuidado no coração humano, precisamos amadurecer em nós o fruto do bem, de modo que, ao explodir, suas sementes sejam levadas pelo vento aos quatro cantos do mundo.

Para chegar à sabedoria, o primeiro requisito é ter um coração capaz de amar; um coração sensível ao sofrimento do mundo.

Seres humanos têm apenas um problema, que é a ignorância; a fonte de toda miséria humana. A ignorância de que estamos falando não é a ignorância do homem que não sabe ler nem escrever, mas a ignorância fundamental sobre nós mesmos. Quem somos, como nossa mente funciona e como ela está constantemente criando ilusões separativas. Lemos nos livros sobre a unidade da vida, mas não somos capazes de vê-la. É a partir dessa cegueira, dessa ignorância, que estamos criando o mundo em que vivemos, um mundo de brutal confusão, de destruição e degeneração crescentes.

Para ajudar a humanidade a superar essa ignorância primária, precisamos superá-la primeiro em nós mesmos; necessitamos formar um grupo de pessoas que realmente veja a importância de suplantar essa ignorância básica da unidade. Costumamos dizer que a ST existe para ajudar a humanidade, mas facilmente esquecemos que para dar algo à humanidade, precisamos tê-lo em nós. Falamos de sabedoria e sabemos que ela não pode ser dada a outro; devemos trabalhar duro para que possa fluir através de nós. Então, talvez tudo o que possamos fazer para ajudar aqueles que vêem a necessidade de transformação e estão dispostos a trilhar o caminho espinhoso do autoconhecimento, é manter a porta aberta com água limpa para o viajante sedento. Se queremos construir uma casa com tijolos, precisamos de tijolos. Da mesma forma, se queremos uma humanidade sábia, precisamos de pessoas sábias.

> Precisamos desenvolver a sensibilidade. Não se trata de ser emocional, afinal, as emoções não nos impedem de agir com insensibilidade, ao contrário, as mesmas emoções que nos comovem também podem nos tornar insensíveis e, portanto, capazes de crueldade.

A situação atual do mundo é realmente terrível, desenvolvemos tremenda tecnologia e dedicamos tanto tempo ao desenvolvimento da mente, do intelecto; enchemos nossa vida com as coisas da mente e negligenciamos completamente o coração. Esse desequilíbrio está destruindo nosso meio ambiente, está impossibilitando a vida no planeta. Precisamos corrigir esse desequilíbrio antes que seja tarde demais. Precisamos desenvolver a sensibilidade. Não se trata de ser emocional, afinal, as emoções não nos impedem de agir com insensibilidade, ao contrário, as mesmas emoções que nos comovem também podem nos tornar insensíveis e, portanto, capazes de crueldade. Desenvolver o coração significa olhar para nós mesmos e entender o que somos. Não há outro caminho, não há atalho, precisamos assumir a responsabilidade do que está acontecendo em nós, portanto, no mundo; e ver que as ideias e crenças de separação estão criando o caos em que a chamada " sociedade moderna" se encontra presa.

> Desenvolver o coração significa olhar para nós mesmos e entender o que somos.

Desenvolver um modo de vida holístico, que reconheça que tudo está conectado e interdependente, é a única saída do modo de vida destrutivo que os seres humanos nutrem desde tempos imemoriais. Assim, o papel de uma sociedade que fala em ajudar a humanidade nessa virada crucial, é dar o exemplo e ser um corpo vivo de pessoas vivendo juntas em paz e harmonia uns com os outros e com o mundo ao seu redor. Para ser um oásis de paz em meio a um mundo inquieto, não há outro caminho, precisamos ser paz, pois emanamos aquilo que somos e não o que gostaríamos de ser.

Desenvolver um modo de vida holístico, que reconheça que tudo está conectado e interdependente, é a única saída do modo de vida destrutivo que os seres humanos nutrem desde tempos imemoriais.

O trabalho dos membros de uma tal sociedade não é a atitude de quem sabe e vai ensinar, mas de abertura, de aprender a cada momento com a vida, com todos com quem estamos em contato. Aprender a arte de viver é a mais difícil de todas as tarefas, porque é um movimento sem fim. Então, antes que possamos falar em ser uma luz para o mundo, precisamos trazer luz, clareza ao nosso próprio ser, necessitamos ser luz para nós mesmos. Então o trabalho não está lá fora, está dentro de cada um de nós. Afinal, não existe "fora" e "dentro". Tudo está em nós, e é somente por estarmos cientes das forças que nos colocam em movimento, a partir de dentro, que é possível mudar a direção. O ponto de virada está dentro, é a consciência do que somos na realidade. É a autopercepção, a consciência do que se é, que tem o poder de transformação total e completa.

Para ser um oásis de paz em meio a um mundo inquieto, não há outro caminho, precisamos ser paz, pois emanamos aquilo que somos e não o que gostaríamos de ser.

Os seres humanos têm medo da mudança, de abandonar o conhecido, que é nosso modo de vida condicionado, por mais miserável que isso seja, não estamos dispostos a deixá-lo ir. Há identificação e uma certa sensação de segurança no conhecido, em ter certeza, em pensar que sabemos o que fazer e como reagir diante da vida.

CAPÍTULO 11
AUTOCONHECIMENTO - A BUSCA PELA VERDADE

A Sociedade Teosófica encoraja o estudo da religião comparada e afirma que não há religião superior à Verdade. Portanto, parece importante entrarmos nessa questão e ver se podemos explorar a conexão entre Verdade e autoconhecimento. Por que é tão importante começar pelo autoconhecimento?

No Prefácio de *A Voz do Silêncio*, Blavatsky escreve:

> O Livro dos Preceitos Áureos - *alguns dos quais são pré-budistas, enquanto outros pertencem a uma data posterior, contém cerca de noventa pequenos tratados distintos. Destes, aprendi trinta e nove de cor, anos atrás. Para traduzir o resto, eu teria que recorrer a notas espalhadas entre um número muito grande de papéis e memorandos recolhidos nos últimos vinte anos e nunca ordenados, para tornar isso de qualquer maneira uma tarefa fácil. Nem todos eles poderiam ser traduzidos e dados a um mundo muito egoísta e muito apegado aos objetos dos sentidos para estar de alguma forma preparado para receber tão exaltada ética no espírito correto. Pois,* ***a menos que um homem persevere seriamente na busca do autoconhecimento, ele nunca dará ouvidos dispostos a conselhos dessa natureza.***
>
> *(Grifamos)*

Desse trecho, fica claro que sem autoconhecimento não haverá disposição para dar atenção a ensinamentos que sejam de natureza diferente do egoísmo. Nos diz que o autoconhecimento é o primeiro passo rumo ao reino da Verdade. O autoconhecimento lança as bases; é o ponto de partida para aqueles que navegam em direção à Verdade.

Seres humanos têm vivido na ilusão, na escuridão, que é ignorância; e muitos acreditam que isso é natural no atual estágio da evolução humana. Mas pode não ser assim. Se olharmos de perto, veremos que a humanidade não tem buscado a Verdade, embora as religiões digam que estão. O que a maioria das pessoas busca é um modo de vida confortável, e se alguém está procurando algo conhecido, como conforto, já não está interessado na Verdade, porque a Verdade é o desconhecido, não pode ser reconhecida, pois é sempre nova, não se repete, não pode ser retida, não pode ser transportada para o instante seguinte.

Isso é parte da dificuldade; os seres humanos têm medo da mudança, de abandonar o conhecido, que é nosso modo de vida condicionado, por mais miserável que isso seja, não estamos dispostos a deixá-lo ir. Há identificação e uma certa sensação de segurança no conhecido, em ter certeza, em pensar que sabemos o que fazer e como reagir diante da vida. Mas a vida não pede permissão, ela muda. E estando tão carregados com todos os tipos de teorias e fórmulas sobre como viver, sobre o que é certo e o que é errado, é impossível fluir com a vida. Resistimos, queremos aplicar soluções de ontem ao agora, o que gera todo tipo de miséria.

Para iniciar a busca pela Verdade, o primeiro passo é o autoconhecimento. Vamos entrar nele e ver porque é assim. Quando queremos olhar o céu através do telescópio, a primeira coisa a fazer é ter certeza de que as lentes são apropriadas e estão limpas, que todos os ajustes estão feitos corretamente, que o instrumento está preciso, para que possamos ver sem distorção. No laboratório, os cientistas também são meticulosos com o microscópio. É de fundamental importância que o equipamento seja preciso e ajustado corretamente, para que o que for observado seja visto sem distorções. Caso contrário, todo o trabalho será inútil, não será confiável e o resultado poderá até ser desastroso. Da mesma forma, para investigar a Verdade o primeiro passo tem que ser sobre o instrumento, o equipamento que temos para esta investigação. O que vamos usar como instrumento na busca da Verdade?

O único instrumento que temos é a mente. É óbvio que é necessário entender como essa mente funciona, como ela se comporta. Suas reações; seus motivos e ilusões devem ser observados. Se esta mente, que é nosso instrumento, não for precisa, clara, limpa, livre de conhecimentos, desejos e vontades, de gostos e desgostos; distorcerá o que for visto e o resultado será uma ilusão cada vez mais profunda. A precisão da mente está em sua capacidade de se esvaziar continuamente, sem nunca acumular. A arte de se esvaziar é a arte de viver. Para esvaziar a mente tem que ter uma certa qualidade de consciência que não se identifica com o que está acontecendo. A mente tem que ter a capacidade de ser imparcial, impessoal. É importante deixar claro que não é possível ser imparcial enquanto houver o "eu" projetado por uma mente dividida e confusa.

> Se esta mente, que é nosso instrumento, não for precisa, clara, limpa, livre de conhecimentos, desejos e vontades, de gostos e desgostos; distorcerá o que for visto e o resultado será uma ilusão cada vez mais profunda.

Enquanto a mente se sentir separada, pensando em termos de "eu" e "você", ela não pode ser imparcial; a única coisa a fazer é observar o fato de que nos sentimos separados, sem se esforçar para ser um com os outros, mas apenas permanecer com o fato, o sentimento de separação. O "eu" não pode ser um com o todo, porque no momento em que se diz "eu sou um com o todo", ainda são dois ("eu" e "o todo"); por tanto não há unidade. A mente pode projetar um estado que pensa ser imparcial, porém essa projeção é outra forma de ilusão. Ela se sentirá distante, fria, indiferente, e poderemos achar que se tornou desapegada, mas o que não percebemos é que esse desapego traz consigo as sementes da crueldade. Apego e desapego são os dois lados da mesma moeda, o mesmo movimento da mente. É como se estivéssemos em uma sala e víssemos que a parte da sala onde estamos não está limpa, então passamos para o lado oposto da sala; mas ainda estamos no mesmo ambiente sujo.

Uma mente dividida não pode imaginar o que é inteiro, porque, no momento em que imagina, já divide. É como tentar fazer um único bloco de gelo colocando água em um molde, que é dividido em vários compartimentos pequenos, o resultado será sempre vários pequenos cubos de gelo em vez de um único bloco. Podemos mudar a forma do molde, tê-lo redondo ou quadrado, mas o gelo ainda será dividido. Para ver algo como um todo precisamos olhar para ele com uma mente não divisiva, que é pura, não contaminada por ideias, ideais, preconceitos e julgamentos — o "eu".

> É importante deixar claro que não é possível ser imparcial enquanto houver o "eu" projetado por uma mente dividida e confusa.

Não basta pensar que podemos deixar de julgar ou ter fórmulas para a vida. Esse processo de tentar aplicar fórmulas a algo novo, que está acontecendo agora, precisa ser entendido. Não pode ser interrompido pela vontade, pela disciplina, pois qualquer fórmula ou forma de disciplina vem sempre de conclusões passadas. A humanidade tem tentado mudar através de fórmulas e disciplina por milênios e não conseguiu. Nunca terá sucesso porque é impossível ver o que é com os olhos embaçados por dogmas lamacentos e estagnantes. O trabalho que temos a fazer é entender, ter uma mente que está constantemente aprendendo e não acumulando conhecimentos e técnicas. Técnicas embotam a mente, e a repetição de fórmulas para o viver é inimiga da Verdade.

Como vimos anteriormente, Blavatsky afirma, no início de *A Voz do Silêncio*, que o rei dos sentidos é o produtor de pensamento e, ao produzir pensamentos, desperta ilusão. Assim, as ilusões são o produto dos pensamentos. Como o rei dos sentidos está constantemente produzindo pensamentos, também está continuamente despertando, criando ilusões. Enquanto não houver compreensão desse processo, ele continuará. A ignorância desse processo é a ignorância de si mesmo.

Vivemos na ilusão e não sabemos o que se passa dentro da nossa própria casa, nossa mente; como funciona, como surgiu este "eu"? Por que reage desta ou daquela maneira? Ou, por que ele reage a tudo? Por que a mente está inquieta? Não sabemos. Mas gostamos de pensar que sabemos, e por isso criamos muitas teorias e práticas sobre como viver, como se comportar, como respirar, sem nunca tentar entender o básico em nós mesmos. Por que ficamos tão zangados quando as coisas não acontecem como desejamos? Por que essa necessidade de controle, mesmo sabendo que as coisas mais importantes da vida não podem ser controladas: quando nascemos; em qual família; quem vai entrar em nossa vida; quem vai embora; ou o dia de deixar o corpo físico?

Não nos aprofundamos no que é básico, no entanto, queremos saber sobre a criação do Universo e como ele funciona. É como se uma criança que não sabe ler ou escrever dissesse que quer ir para a universidade e aprender matérias complexas sem dominar o básico, que no nosso caso é a compreensão da ilusão chamada "eu", como surgiu e de onde brotam suas raízes? Essa é a base de onde precisamos iniciar a busca e, no entanto, essas são as perguntas que evitamos.

Vivemos na ilusão e não sabemos o que se passa dentro da nossa própria casa, nossa mente; como funciona, como surgiu este "eu"? Por que reage desta ou daquela maneira? Por que ele reage a tudo? Por que a mente está inquieta? Não sabemos.

Por que as teorias se tornaram tão importantes? Não é sobre o motivo de não sabermos, mas por que é difícil pra mente ficar sem saber? Ela sente estar em perigo e busca por segurança e imediatamente aceita teorias ou explicações e fica satisfeita. A mente se satisfaz com palavras que não têm nenhum significado na vida diária. O que tem sentido na vida cotidiana é o que estamos fazendo, porque somos miseráveis, infelizes, agressivos e prontos para rebater ao menor gesto de provocação? Precisamos entender que matar não é apenas físico, na verdade a forma mais destrutiva de matar é a psicológica, com palavras ou gestos; mas raramente pensamos nisso. Aparentemente não entendemos o poder das palavras. O importante na vida cotidiana é perceber quando somos gananciosos, ciumentos, invejosos, a brutalidade do espírito competitivo e a insana busca pelo poder. Tudo isso acontece apesar das crenças, ideais ou teorias que possamos cultivar.

A verdade está nas pequenas coisas, não é algo distante da vida cotidiana. A verdade está em tudo, em cada segundo da vida. Não a percebemos porque olhamos para a vida com uma mente de ontem, uma mente tornada cega por superstições, dogmas, crenças e fórmulas sobre a vida — o que deveria ser — que é a projeção de uma mente distorcida, desequilibrada, sem nenhum contato com o que é e por isso projeta o que deveria ser, o ideal. Compreender, ver como a mente se distorceu, como ela constantemente gera ilusões; estar ciente das consequências disso, e o que estamos fazendo a nós mesmos e à Terra, é o começo do autoconhecimento.

Somos ignorantes de nossa própria maneira de pensar, de se comportar e de ser. É essa ignorância que criou este mundo terrível. Sem o autoconhecimento, podemos fazer qualquer coisa, realizar rituais, rezar pela paz, correr para a igreja todos os domingos pelo resto de nossas vidas ou sentar calmamente num canto todos os dias, mas nada disso nos ajudará a ver a Verdade, simplesmente, porque tais práticas não contribuem para a compreensão da vida, que é a compreensão de si mesmo. Ocuparmonos com a repetição de certas práticas não nos ajuda a entender nosso relacionamento com esposa e filhos, com o dinheiro e a propriedade, pelo simples fato de que tais práticas não afetam nossa vida diária. Assim que alguém cumpre os deveres na igreja ou no templo, se sente livre para dar continuidade ao mesmo comportamento ao qual está habituado.

A verdade está nas pequenas coisas, não é algo distante da vida cotidiana. A verdade está em tudo, em cada segundo da vida.

Para compreender a nós mesmos, tem que haver paixão, tem que haver o desejo de compreensão. E temos que ser muito honestos nesse assunto, honestos sobre o que estamos buscando, o que está nos impulsionando. Será que queremos nos sentir seguros ou ter alguma esperança de conforto? Ou estamos buscando alcançar ou obter algo, como a iluminação? Se for esse o caso, temo que haverá grande decepção, porque nessa busca não há conquista; não é algo que se obterá no final. Na verdade, o autoconhecimento não tem fim; não se pode dizer "eu me conheço" em nenhum momento. E se o dizemos, torna-se uma mentira; não há uma entidade fixa para ser conhecida, apenas o processo do pensamento que criou a ilusão do "eu".

Somos seres vivos, sempre em movimento, em constante fluir. Pode-se conhecer uma porta ou um carro. São coisas inanimadas que não mudam muito. Mas seres humanos estão vivos, em fluxo, e não podem ser conhecidos. Então, podemos perguntar: como me conhecerei se não há nada para conhecer? Essa é a beleza, enquanto não se conhece o que produz o pensamento, enquanto não houver autoconhecimento, haverá a ilusão de que existe uma entidade separada chamada "eu"; a pessoa sente que está separada e continua fortalecendo essa impressão. Mas no momento em que o mecanismo que criou a ilusão do eu é visto, nesse momento o eu se desfaz e a mente se torna consciente, desperta o tempo todo; não será mais posta para dormir pelo mecanismo do pensamento. Esse é o começo da Paz.

> Compreender, ver como a mente se distorceu, como ela constantemente gera ilusões; estar ciente das consequências disso, e o que estamos fazendo a nós mesmos e à Terra, é o começo do autoconhecimento.

Há uma estória que ilustra o que falamos há pouco, o mito sobre vampiros, criaturas que agem apenas na escuridão, que são ativas à noite e dormem durante o dia. Dizem que precisam encontrar um lugar escuro antes do sol nascer, pois se a luz os tocar, se transformarão em fumaça e será o seu fim. Da mesma forma, este "eu" existe apenas na escuridão, na ignorância. Quando a luz da consciência o desvenda, ou toca, essa ideia de um "eu" separado se transforma em cinzas. Ser capaz de ver sem distorção é o primeiro passo. E, como disse J. Krishnamurti: "O primeiro passo é o último passo".

Para ver sem distorção é preciso entender todo o processo de criação da ilusão, todo o processo da mente; e nesse processo de compreensão de si mesmo é preciso caminhar sozinho, pois tudo se resume às nossas próprias ilusões e distorções. A única ajuda que podemos e vamos encontrar é na relação uns com os outros, porque nas relações este "eu" se revela, e podemos ver os motivos, a ambição, o ciúmes, a ganância, as justificações e as inúmeras formas de fuga, gostos e desgostos, a autoimportância que se carrega ao longo da vida, a sensação de superioridade ou inferioridade, e assim por diante. Para poder realmente ver, é preciso olhar, ter consciência, antes de tudo, de nossa ignorância. Como aponta Blavatsky: "A primeira necessidade para obter o autoconhecimento é tornar-se profundamente consciente da ignorância; sentir com cada fibra do coração que se está incessantemente autoenganado".

Sem autoconhecimento não há base para saber por onde começar. O pensamento é distorcido por todos os tipos de crenças e ideias; portanto, não há possibilidade de compreensão clara. O movimento de uma mente que trabalha na ignorância é "concluir", e conclusões são poças estagnadas que apenas trazem mais confusão. Enquanto a compreensão é de natureza diferente, ela é flexível, fluida e abre espaço para uma compreensão maior. Não fecha a porta e diz "eu sei".

Olhar a partir de uma mente preconceituosa e, portanto, tendenciosa, é como dirigir um carro com o volante puxando para um lado. Não se pode ir longe com tal problema mecânico, temos que alinhar o carro se quisermos andar. Da mesma forma, se a nossa mente é de natureza ortodoxa, cheia de conclusões e conhecimentos, ela sempre irá na direção de suas conclusões e paralisa o movimento criando um ambiente sufocante e pútrido. Então, limpar o instrumento, torná-lo puro, não contaminado com esse "eu", é o primeiro passo de uma longa jornada para dentro de si mesmo, para o desconhecido. Como J. Krishnamurti apontou, significa "liberdade do conhecido".

Não temos mais tempo para brincar. Os seres humanos estão se destruindo, não apenas fisicamente em intermináveis guerras e conflitos de todos os tipos, mas também psicologicamente. Há egoísmo em toda parte, toda a estrutura da sociedade fortalece a estrutura do "eu". Nossa educação é projetada para fortalecê-la; crianças pequenas nas escolas estão sendo encorajadas a serem competitivas, e crescemos sendo ensinados que temos que ser "os primeiros", temos que conseguir o melhor emprego, as melhores notas, e assim por diante; somos ensinados a buscar a aprovação do mundo, a buscar aplausos. E nesse processo de buscar reconhecimento ao invés da Verdade, nós nos perdemos.

> Olhar a partir de uma mente preconceituosa e, portanto, tendenciosa, é como dirigir um carro com o volante puxando para um lado. Não se pode ir longe com tal problema mecânico, temos que alinhar o carro se quisermos andar.

O mundo se tornou altamente tecnológico e não sabemos o que fazer com todo esse avanço. Se a humanidade não mudar, será desastroso, porque estamos usando a tecnologia para destruir uns aos outros. Aqueles que têm algum interesse no bem-estar da humanidade, que têm amor pela humanidade, têm uma enorme tarefa, que não é a de mudar o mundo. A tarefa é a de transformarmos a nós mesmos! Aprender sobre nós mesmos! Afinal, as pessoas que tentaram mudar o mundo foram as mesmas que criaram tragédias. Os comunistas tentaram mudar o mundo e veja o que aconteceu, os totalitários, os ditadores, todos tentaram mudá-lo, e alguns até o fizeram em nome de Deus. O resultado, todos sabemos, é cada vez mais miséria.

Não nos enganemos pensando que o mundo pode ser mudado pelo mesmo tipo de mentalidade que o criou, a mente egoísta, a mente que se preocupa com "meu" país, "minha" religião, "minha" cultura, "minha" salvação, e assim por diante. O mundo pode e deve mudar, mas isso só pode acontecer se você e eu estivermos dispostos a nos transformar completamente. Para que uma nova civilização surja, um novo tipo de pessoas tem que vir primeiro, um novo tipo de ser humano, com uma mente e um coração diferentes; um coração capaz de amar e uma mente que não esteja dividida, um ser humano integral.

Há um vídeo muito bom de J. Krishnamurti, onde ele está conversando com crianças na Rishi Valley School, ele fala sobre corrupção e explica que passar dinheiro por baixo da mesa, suborno, mercado negro e assim por diante, são apenas sintomas e não a causa da corrupção. Ele continua e explica que a verdadeira causa da corrupção é o interesse pessoal. Se estivermos dispostos a examinar esse ensinamento, veremos o quão profundo ele é. Isso significa que não podemos combater a corrupção combatendo apenas os sintomas. Podemos precisar cuidar dos sintomas, e o mais importante é curar a doença que está criando os sintomas. Se continuarmos apenas lidando com os sintomas e nunca olharmos para sua causa raiz, a doença se fortalecerá e se espalhará como erva daninha.

Acesse os vídeos de J. Krishnamurti na Rishi Valley School

A solução é ir ao cerne do problema e encontrar a cura para a doença. Uma vez curada a doença, os sintomas desaparecem naturalmente, não precisamos nos preocupar com eles. O interesse pessoal é a causa de todos os problemas humanos; tem muitos sintomas sutis que se mostram em nossos relacionamentos, como medo, raiva, ciúme, desconfiança e assim por diante. O interesse pessoal vem da ideia de separação, que é uma ilusão projetada pela mente inquieta. Uma mente que está em constante agitação, pulando de um desejo para outro. Desejos e ânsias são tempestades que agitam a superfície de um mar profundo. Se pudermos ir fundo, descobriremos que o que quer que aconteça na superfície não perturba a calmaria encontrada nas profundezas do nosso ser.

Passar dinheiro por baixo da mesa, suborno, mercado negro e assim por diante, são apenas sintomas e não a causa da corrupção.

Para descobrir o que é Verdadeiro e o que é falso na vida é preciso começar por nós mesmos, por nosso cotidiano; entender a nossa relação com o próximo, com o homem que traz o leite, com os criados, o mendigo na rua. Mas isso é muito simples, não vai dar fama, ninguém vai saber, não atrai aplausos. Enquanto estivermos buscando nosso próprio engrandecimento e conquistas, não haverá esperança para a humanidade. Sejamos honestos pelo menos nisso, tenhamos consciência do que buscamos.

Se estamos procurando a Verdade, temos que começar com humildade, porque não se sabe o que a vida pode trazer. Precisamos ser humildes e aceitar a vida com tudo o que ela traz, e ficar feliz por não estarmos contribuindo para mais miséria no mundo. Mas se estamos procurando aplausos, também devemos estar cientes de que poderemos obtê-los, mas com eles também virão todas as misérias e calamidades que conhecemos tão bem. Então, depende de cada um de nós, depende de quão honesto somos com nós mesmos.

Se estamos procurando aplausos, também devemos estar cientes de que poderemos obtê-los, mas com eles também virão todas as misérias e calamidades que conhecemos tão bem.

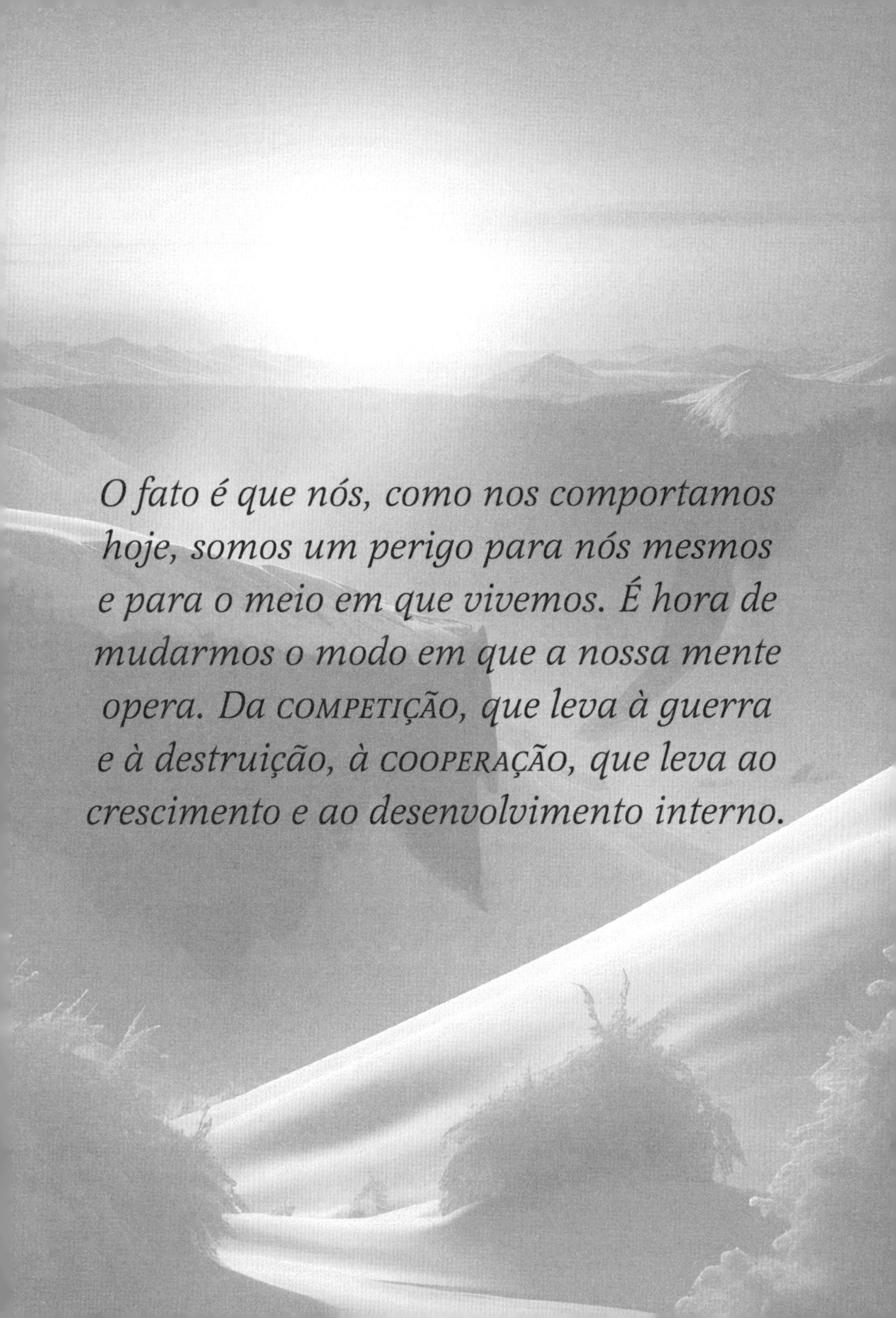

O fato é que nós, como nos comportamos hoje, somos um perigo para nós mesmos e para o meio em que vivemos. É hora de mudarmos o modo em que a nossa mente opera. Da COMPETIÇÃO, *que leva à guerra e à destruição, à* COOPERAÇÃO, *que leva ao crescimento e ao desenvolvimento interno.*

CAPÍTULO 12
FLUIR É MUDAR

A maioria de nós está familiarizada com os ensinamentos do Buda, que nos dizem que a causa do sofrimento é o apego. O que significa que sofremos por nos apegamos a coisas, situações, pessoas, crenças, conclusões e tantas outras coisas, que nos parece impossível listar tudo. O fato é que sofremos porque gostaríamos de moldar a Vida, de dizer o que deveria ser, para que direção deveria caminhar e de que forma a vida deveria acontecer.

Também tentamos moldar o comportamento das pessoas. Acreditamos que se a pessoa for nosso filho, filha, esposa ou marido, ou estiver de alguma forma relacionada a nós, temos o direito de moldar sua vida, suas crenças ou até mesmo sua fé. Desenvolvemos tais crenças simplesmente porque não amamos as pessoas por quem elas são, mas esperamos que elas satisfaçam nossos desejos e expectativas. Enquanto as pessoas desempenharem o papel desenhado por nós, dizemos que as amamos. Mas assim que algo sai do plano, não as "amamos" mais. Na verdade, nunca olhamos para elas, vemos apenas nossos próprios desejos e fantasias.

Dizemos que amamos nossos filhos, mas não parece ser verdade, porque quando amamos alguém é um deleite ver a vida se desenrolar através dessa pessoa, mas temos medo desse desdobramento, simplesmente porque no fundo sabemos que não podemos controlá-lo, e controlar é muito importante em nossos relacionamentos.

Também gostamos de pensar que sabemos o que fará outras pessoas felizes. Se isso fosse verdade — se soubéssemos o que traz felicidade — seríamos pessoas felizes, e não parece ser assim. É importante perceber que as pessoas felizes estão perdidas em felicidade e, portanto, não têm tempo ou interesse em criticar ou julgar. Só os infelizes se ocupam da vida alheia.

Os ensinamentos de Buda também dizem que a felicidade nesta terra é possível. Ele fala sobre o caminho da justiça e a Unidade de vida. Ele diz: "Não mate". E para a maioria de nós, matar é apenas um fenômeno físico. Raramente olhamos para a matança que está acontecendo em níveis sutis. Somos materialistas demais para olhar para alguém e pensar que o que anima o corpo é de natureza sutil, uma flor delicada que luta para se abrir e espalhar seu perfume no mundo. Precisamos ver que cada um é um presente único dado ao mundo, e cada um tem um talento único que, se lhe for permitido florescer, preencherá uma lacuna na rede que a vida tece.

Uma criança é cheia de vida, felicidade e curiosidade que gradualmente desaparecem com o passar dos anos. Nunca olhamos para isso e perguntamos: "por que isso acontece?" Parece-me que isso está profundamente relacionado ao fato de que tentamos moldar o comportamento da criança desde o início e, sentindo-se em uma camisa de força, sem liberdade de movimento, de fluir, a flor frágil tentando se abrir para a vida, lentamente se esvai. E no final do período, dessa monstruosidade que chamamos de educação, temos uma entidade morta, um jovem ou uma jovem que não passa de uma engrenagem na roda da morte desenvolvida pela rigidez de regras e fórmulas, um mundo criado pela mente, um mundo sem compaixão.

Após o período de educação em que a criança é moldada e o fluxo espontâneo se perde, temos um adulto pronto para moldar outros e tornar a vida tão miserável para eles quanto o é para si mesmo. Isso ocorre porque a morte é tudo o que ele conhece, não pode tolerar a vida em nenhuma forma e moldará o ambiente em que vive, interferirá no ritmo da Natureza, destruirá florestas e poluirá o ar. No auge de sua insanidade, matará os rios, que são a fonte de toda a vida neste planeta, sem perceber o que está fazendo e sem se dar conta das consequências trazidas por tal estado de loucura. Hoje vemos cidades sofrendo sem água e, ao mesmo tempo, uma substância fedorenta corre nos leito dos rios onde há alguns anos havia água fresca e limpa, própria para o consumo humano.

Após o período de educação em que a criança é moldada e o fluxo espontâneo se perde, temos um adulto pronto para moldar outros e tornar a vida tão miserável para eles quanto o é para si mesmo.

Parece que nem mesmo o fato de muitos de nós estarmos vivendo em cidades altamente poluídas, onde o ar está carregado de substâncias venenosas e muitas vezes letais ao corpo humano, e onde crianças não podem brincar fora de casa ao ar livre porque não é seguro de muitas maneiras; nem isso foi capaz de nos fazer pensar. Nos perguntamos o que nos fará pensar?. Será que somos uma espécie tão estúpida incapaz de ver o óbvio? Incapazes de ver o que está acontecendo em nossa própria casa? Falamos de Deus e de amor em templos, igrejas, e mesquitas porque consideramos esses lugares sagrados. E a Vida? Acaso não é a vida a coisa mais sagrada a ser honrada e cuidada? Adoramos edifícios feitos de pedras e vivemos uma vida árida. Falamos de um tempo e lugar perfeitos — o céu — enquanto criamos o inferno à nossa volta, na Terra.

> No auge de sua insanidade, matará os rios, que são a fonte de toda a vida neste planeta, sem perceber o que está fazendo e sem se dar conta das consequências trazidas por tal estado de loucura.

Temos negligenciado a vida a tal ponto que ela está se retirando do planeta onde humanos evoluíram de seres selvagens para seres civilizados e sofisticados. Então a pergunta é: "civilização é sinônimo de desrespeito pela vida? É sinônimo de competição, violência e ganância?" Se a resposta for sim, nesse caso, talvez fosse melhor que nós, a raça humana, tivéssemos permanecido selvagens, pelo menos o planeta estaria a salvo de nossa crescente estupidez. O fato é que nós, como nos comportamos hoje, somos um perigo para nós mesmos e para o meio em que vivemos. É hora de mudarmos o modo em que nossa mente opera. Da **competição**, que leva à guerra e à destruição, à **cooperação**, que leva ao crescimento e ao desenvolvimento interno.

> E a Vida? Acaso não é a vida a coisa mais sagrada a ser honrada e cuidada? Adoramos edifícios feitos de pedras e vivemos uma vida árida.

A mente, que é uma ferramenta, foi deixada funcionando sem direção inteligente, essa falta de inteligência está tornando a vida impossível na Terra. Por favor, não pense que não estamos contribuindo para a crise atual, pois, afinal, alguns de nós estão lutando pelos direitos humanos ou pelo bem-estar dos animais ou até mesmo protegendo a natureza. No entanto, esse "eu", esse "meu" ainda bate forte, e enquanto fazemos tudo isso, matamos em casa, psicologicamente, aqueles com quem dividimos o mesmo teto.

> Falamos de um tempo e lugar perfeitos — o céu — enquanto criamos o inferno à nossa volta, na Terra.

Matamos nossos filhos quando escolhemos por eles, quando lhes contamos tudo sobre a vida e o amor, o que são e o que não são, quando não permitimos que descubram por si mesmos — é por medo da vida que tentamos moldar nossos filhos. Matamos nossa esposa ou marido quando esperamos algo deles. Matamos os infelizes que não têm outra escolha na vida a não ser trabalhar para nós, matamos quando esperamos que façam tudo do jeito que queremos, não permitindo qualquer expressão de criatividade. Não há respeito pelo humano sob nossa direção em nossos locais de trabalho.

> A mente, que é uma ferramenta,
> foi deixada funcionando sem direção inteligente,
> essa falta de inteligência está tornando a vida impossível na Terra.

Não vemos um ser humano trabalhando, e sim uma máquina sem vida que deve produzir o quanto quisermos, o quanto achamos que deve, e vemos nossos interesses ameaçados se não cumprirem o esperado, pois afinal, pagamos por eles. Realmente acreditamos que podemos comprar com dinheiro o tesouro mais precioso das pessoas — a Vida. Esse é o maior pecado e o mais repugnante crime contra o amor e, portanto, contra a humanidade. Hoje, com toda tecnologia desenvolvida, matamos mais rápido do que nunca. Desde a primeira revolução industrial, destruímos o ambiente em que vivemos mais do que jamais poderíamos imaginar, e a depressão se tornou tão comum quanto a gripe. E ainda não nos importamos em parar e olhar para entender o que está acontecendo.

> Temos negligenciado a vida a tal ponto que ela está se retirando do planeta onde humanos evoluíram de seres selvagens para seres civilizados e sofisticados.

Podemos nos chamar de irmãos e irmãs o quanto quisermos, mas se não o sentirmos, essas palavras se tornam facas cortando a pequena sensibilidade que resta em nossos corações. Portanto, se você não sente algo como parte de seu ser, não o repita, porque a repetição de algo não compreendido, que não está em nosso coração, torna-se uma mentira venenosa que embota o coração e adoece a alma.

> Acreditamos que podemos comprar com dinheiro o tesouro mais precioso das pessoas — a Vida. Esse é o maior pecado e o mais repugnante crime contra o amor e, portanto, contra a humanidade.

Afinal, somos aquelas crianças a quem a vida foi tirada e a quem aconteceram todo tipo de atrocidades na vida escolar, em casa e na relação com outras crianças. Sabendo disso, o que nos resta, além de fazer parte desse mundo monstruoso? Digo-lhes que descobrir o que aconteceu conosco, e como tudo o que aconteceu moldou nossas vidas, é o trabalho daqueles que desejam viver. Isso não é para mudar a nós mesmos, porque se pensarmos em termos de uma mudança que este "eu" trará, então não haverá mudança alguma, será apenas um ajuste a uma outra faceta da mesma estrutura antiga, porque este "eu" e a sociedade são uma e a mesma coisa.

No entanto, se pudermos estar cientes e ver em nós como a mente foi moldada por meio de crenças, fórmulas e conclusões, então poderemos chegar a um tipo diferente de entendimento sobre a vida. Só então haverá a possibilidade do fluxo da vida correr livre, sem que as paredes do "eu" impeçam seu curso.

São Francisco de Assis escreveu uma oração maravilhosa na qual diz que para viver é preciso morrer. Precisamos morrer para todos os nossos condicionamentos, tudo o que é mecânico em nós, porque todo comportamento mecânico é a expressão de uma entidade morta. Viver, estar vivo, significa fluir, e fluir é mudar. Mas estamos desesperadamente tentando evitar mudanças. O que nos falta é perceber que apenas coisas mortas nunca mudam. Quando não há fluxo, não há mudança, apenas a estagnação, com seu mau cheiro e feições horripilantes, permanece. É uma lei da Natureza que tudo o que está morto mais cedo ou mais tarde apodrece e se decompõe.

> Precisamos morrer para todos os nossos condicionamentos, tudo o que é mecânico em nós, porque todo comportamento mecânico é a expressão de uma entidade morta.

A jornada em um corpo físico é curta para alguns, e para outros, bastante longa; mas isso não importa muito, o que importa é estar ciente de que é apenas uma jornada, e os cenários mudarão muitas vezes. Da mesma forma, quando viajamos de trem ou de carro, enquanto nos movemos podemos ver belas montanhas, vilarejos pobres e cidades com seu barulho, beleza e sujeira. Todos os tipos de coisas e pessoas cruzam nosso caminho, mas no momento em que queremos reter e ficar com as montanhas e evitar a sujeira das cidades, a luta e o sofrimento começam.

> Viver, estar vivo, significa fluir, e fluir é mudar. Mas estamos desesperadamente tentando evitar mudanças.

> Quando não há fluxo, não há mudança, apenas a estagnação, com seu mau cheiro e feições horripilantes, permanece.

Isso não significa que não possamos aproveitar a jornada, significa que devemos ser como um hóspede em terra estrangeira — o que quer que seja nos dado; simplesmente desfrutando e não exigindo situações diferentes das que temos a nosso dispor, porque a vida sabe melhor o que está reservado para nós, aquilo que foi construído por nossos próprios pensamentos e ações. Pedir algo que não merecemos nos põe em dívida com a Mãe Natureza.

Aqui é preciso ter muito cuidado, porque muitas pessoas traduzem o fluxo da vida na realização de seus próprios desejos, o que significa entregar-se a todo tipo de coisa e chamar isso de fluxo da vida. Fluir com a vida requer consciência e discriminação, desde o início até o último suspiro. Não é um estilo de vida irresponsável, muito pelo contrário, para fluir é preciso se sentir tremendamente responsável. Fluir é ser leve, não carregar peso; para fluir é preciso despojar-se de todos os desejos, vontades e identificações, como nacionalidade, raça, cultura e apegos pela família, que são as pedras no caminho que impedem a alegria de viver.

Pedir algo que não merecemos nos põe em dívida com a Mãe Natureza.

Aqui, novamente, há um ponto muito delicado — família. Não significa que se deva abandonar a família, pelo contrário, significa que não se deve ter nenhum sentimento de separação como "minha" família, portanto, minha responsabilidade é apenas com essas pessoas, meu amor, meus cuidados são exclusivos e não inclusivos. Significa que pertencemos a uma família, a família humana. E podemos ir ainda mais longe, podemos dizer que pertencemos à Família Universal, que tudo o que vive neste ou em qualquer outro planeta ou em qualquer parte do Cosmos faz parte de nós, portanto é nossa família e, como tal, somos responsáveis uns pelos outros e por todo o Universo. Há apenas uma vida, e se podemos vê-la como una ou não, é uma questão bem diferente. Se vivemos na ilusão do "eu" e do "você", do "nós" e do "eles", então sofrimento e morte estão garantidos.

Esta questão de abandonar a família é um dos grandes mal-entendidos, ao qual muitos de nós, os que buscam compreender a vida, que buscam o amor e a sabedoria, estão presos. Existem pessoas que acreditam que, para estarmos aptos a enxergar a verdade e despertar o amor universal em nossos corações, devemos renunciar à família e ao mundo. Na verdade, a única renúncia necessária nessa busca é a renúncia ao "eu", ao ego. O amor é inclusivo e nunca exclusivo.

A mente é uma ferramenta difícil de gerenciar, cria todo tipo de ilusão, e a dificuldade está no fato de que aqueles que estão iludidos não conseguem ver que o que veem é ilusão. Para evitar situações tão dolorosas precisamos compreender a ferramenta, ou seja, precisamos entender como essa fábrica de ilusões funciona, como mata o real e o substitui por ilusões.

Como com toda ferramenta, para gerenciá-la com maestria precisamos entender seu mecanismo, sua força motriz, e, para tanto, precisamos olhar, dar-lhe atenção. Não há outra maneira de aprender. Precisamos ter interesse e vontade de aprender. Aprender sobre a arte de duvidar: não acreditar em nossas próprias conclusões e interpretações. Olhar a vida com uma mente científica, uma mente que está sempre aprendendo é a chave no processo de compreensão da vida e, portanto, de nós mesmos.

Precisamos aprender sobre a arte de duvidar: não acreditar em nossas próprias conclusões e interpretações.

Olhar a vida com uma mente científica, uma mente que está sempre aprendendo é a chave no processo de compreensão da vida e, portanto, de nós mesmos.

Estar ciente de que a mente é incapaz de lidar com mudanças e aprender que é a própria mente que está tentando manter a vida aprisionada nas altas torres construídas por crenças, conclusões, certezas e tradições, ajuda a evitar a cristalização. Além do que, a vida não pode ser colocada em uma prisão — ela se esgota e apenas a morte é deixada em seu lugar. Por ser cega, a mente não pode ver que a vida se foi, então cultuamos um cadáver em forma de conclusões e certezas como se fosse um corpo vivo. Mudar é difícil, porque construímos fortes muros de resistência. Alguns deles são velhos amigos, como o conhecimento que vira conclusão, tradição, crenças, certezas, justificativas e assim por diante. Esses muros contribuem para a formação de grupos e nos separam uns dos outros, e, mais cedo ou mais tarde, a animosidade brotará e se colocará entre os grupos, pois onde há divisão, inevitavelmente haverá conflito.

Violência é a explosão da busca desesperada por controle.

A mente gosta de controlar, de ter tudo organizado e funcionando como um relógio. No momento em que algo não acontece da forma planejada, a mente não consegue mais lidar com a situação e nesse momento nasce a guerra. Pode ser um pequeno conflito entre marido e mulher, mas ainda assim "guerra" — violência é a explosão da busca desesperada por controle. Mudar é morrer para a dimensão da violência, ganância, raiva, inveja, competição e ignorância, e nascer na dimensão da Vida Universal, onde o amor e a compaixão são filhos da vivência da unidade da vida, onde a mente trabalha como uma ferramenta dirigida pela inteligência, cuja natureza é amor e compaixão. Fluir é viver na dimensão da Luz.

Mudar é morrer para a dimensão da violência, ganância, raiva, inveja, competição e ignorância.

Depois que a criança nasce, e podemos segurar o pequeno corpo, parece incrível como o milagre aconteceu, e o milagre apenas começou. De fato, o milagre se repetirá até o último dia, até o último suspiro. É aqui que vemos o milagre cotidiano acontecendo diante de nossos olhos, se soubermos olhar, se pudermos olhar a criança com os olhos da inocência, ou seja, olhar a criança com olhos que não sabem nada sobre aquela pérola que nos foi confiada.

CAPÍTULO 13
A ARTE DE SERMOS PAIS

O que é importante saber sobre a arte de criar um filho? A primeira coisa a perceber é que estamos falando de um ser que está desenvolvendo seu potencial, qualquer que seja esse potencial — que temos mais a aprender do que a ensinar. Isso pode soar estranho para a maioria de nós, mas se olharmos de forma objetiva, veremos que uma criança está em estado de constante aprendizagem, sua curiosidade e inocência são uma flor preciosa que, se não for tratada de forma adequada, perderá vitalidade e frescor à medida que os anos passam. Por isso, é importante que possamos entender o papel dos pais no processo do desabrochar humano.

Comecemos do princípio, quando decidimos abrir nosso coração e nos comprometemos a caminhar com outro ser humano, por pelo menos 20 anos, nesse processo do viver. Estamos nos comprometendo com a mais difícil de todas as artes, a arte de viver e deixar viver. Nesse momento, é importante compreender o que está envolvido no processo da gravidez: que o ambiente ao qual a gestante está exposta interfere na formação dos novos corpos.

Usamos a palavra "corpo" no plural porque, embora muitas pessoas possam ver apenas o corpo físico, sabemos que também temos os corpos: emocional, mental e vital. Existem também outros corpos que são mais sutis, portanto mais delicados, mas vamos vamos nos ater aos quatro corpos já mencionados.

A formação do corpo físico é influenciada pelo tipo de alimento, ou qualquer substância ingerida durante a gravidez, principalmente no início. Se a mãe fuma, há um grande perigo de o futuro bebê desenvolver tendências para doenças relacionadas ao uso de tabaco. Há casos de dependência grave, em que a criança nasce com síndrome de abstinência, ou seja, a criança, ainda no útero, tornou-se viciada na substância utilizada pela mãe. Claro que esse é um caso extremo, mas o mencionamos para deixar claro como o corpo físico é afetado e que tudo que uma mãe ingere será usado como matéria-prima na construção do novo corpo físico.

Da mesma forma, as emoções às quais a mãe está exposta irão interferir na formação do corpo emocional da criança. No caso dos corpos emocional e mental, devido à sua natureza sutil, a influência vem de todo o ambiente em que a mãe vive, pois a influência energética do ambiente também interfere na formação desses corpos. Mas a responsabilidade pelo ambiente ao qual uma gestante está exposta não é só dela, é importante também que toda a família entenda o nível de comprometimento, desde o início, que esse novo membro da família requer de todos.

Não estamos falando que uma gestante deva viver em uma bolha de perfeição, o que não faz o menor sentido, estamos chamando a atenção para o fato de que tudo conta e influenciará os futuros corpos em formação. Existem muitos fatores que não podem ser controlados por nós, então não devemos ficar neuróticos com isso, mas há certas coisas que podemos fazer para ajudar uns aos outros, e quanto mais entendermos esse processo, melhor para todos os envolvidos.

Portanto, parece importante que durante o período de preparação para a chegada do novo membro da família, a mãe deve, na medida do possível, ter dias tranquilos, não se envolver em situações estressantes, ter em mente todas as transformações que estão acontecendo dentro de seu corpo e evitar preocupações desnecessárias. Ela pode ser auxiliar, de forma consciente, no processo de construção de um novo corpo, um templo para a Alma viajante, que em breve se juntará a ela na jornada pelo planeta Terra.

Depois que a criança nasce, podemos segurar o pequeno corpo, parece incrível como o milagre aconteceu, e o milagre apenas começou. De fato, o milagre se repetirá até o último dia, até o último suspiro. É aqui que vemos o milagre cotidiano acontecendo diante de nossos olhos, se soubermos olhar, se pudermos olhar a criança com os olhos da inocência, ou seja, olhar a criança com olhos que não sabem nada sobre aquela pérola que nos foi confiada.

O problema começa porque não sabemos olhar para nada com espírito de aprendizagem. Achamos que sabemos, acreditamos saber quem é aquela criança recém-nascida. Pensamos que por ser nossa filha ou filho, sabemos o que é melhor para ela. E isso começa bem cedo, já com o tipo de comida que lhes damos. Existe uma tendência de alimentarmos nossos filhos com o mesmo que nos alimentamos, e achamos que tem que ser assim, afinal, há gerações comemos assim, então achamos que é natural para essa criança também. Mas pode não ser.

Talvez nos ajude um exemplo. Casos semelhantes estão acontecendo cada vez mais no Ocidente, onde a carne faz parte da dieta de quase todas as famílias, mas embora a criança receba carne desde muito cedo, ela não a quer. Há um vídeo no YouTube onde um menino de três anos ensina a mãe, que está lhe dando o almoço, e em seu prato há um pedaço de peixe. Então pergunta onde está a cabeça, e a conversa continua até que ele diz que não podemos comer peixe, e que não devemos comer os animais; em vez disso, devemos cuidar deles, não servi-los cozidos na mesa do almoço. Este é apenas um exemplo para ilustrar do que estamos falando. Temos muito mais a aprender do que a ensinar, e isso não é só quando se trata de educar nos filhos, mas em todas as situações da vida, principalmente sobre a educação dos filhos que nos foram confiados pela vida.

> O problema começa porque não sabemos olhar para nada com espírito de aprendizagem.

Podemos até dizer que só conseguimos ensinar quando estamos abertos ao aprendizado, o que significa que o processo de ensinar e aprender é um movimento completo em si. Ajudar uma criança a compreender a si mesma e, portanto, o mundo que ela está ajudando a criar, só é possível quando estamos abertos a olhar para a criança sem expectativas, sem tentar direcionar o curso da vida. Olhar tão plenamente com todo o nosso ser é a chave para que o fluxo de ensino-aprendizagem venha a existir.

Afinal, a vida é um processo de aprendizado desde o momento em que nascemos até nosso último suspiro. Então, a primeira coisa a aprender no relacionamento com as crianças é como nos relacionamos com elas, estar ciente de quais são nossos sentimentos e pensamentos sobre sua vida e seu futuro. Esperamos algo delas? Estamos tentando direcioná-las, moldá-las de acordo com nossa compreensão sobre a vida? Ou somos capazes de ouvi-las, ajudá-las a compreender a si mesmos, em vez de dar respostas prontas que pouco ou nada ajudam?

> Só conseguimos ensinar quando estamos abertos ao aprendizado, o que significa que o processo de ensinar e aprender é um movimento completo em si.

Está provado que conclusões e fórmulas para a vida só criam conflitos na mente, pois quando uma criança faz uma pergunta, ela não está buscando uma resposta, ela está procurando compreender através do desdobramento daquela pergunta. No entanto, a maioria de nós pais, estamos tão ocupados em nosso próprio mundo, que há pouco ou nenhum tempo para ajudar a criança no processo de autodescoberta e compreensão da vida como um todo.

> A primeira coisa a aprender no relacionamento com as crianças é como nos relacionamos com elas, estar ciente de quais são nossos sentimento e pensamentos sobre sua vida e seu futuro.

Talvez possamos usar uma história pessoal como exemplo de como podemos ajudar a criança a lidar com a vida. Quando meu filho era pequeno, como qualquer outra criança, ele não gostava de ir ao hospital e tomar injeções, ele se recusava e protestava ao ver uma agulha. Não foi fácil, porque as enfermeiras dos hospitais não estão preparadas para conversar com a criança, estão acostumados a segurar a criança e aplicar o remédio – não importa o quão alto sejam os gritos – faz parte da cultura que as crianças chorem e gritem para evitar a agulha. Por isso, é comum dizer à criança: "Não vai doer nada, é só uma picadinha".

> Quando uma criança faz uma pergunta, ela não está buscando uma resposta, ela está procurando compreender através do desdobramento daquela pergunta.

Talvez seja importante olhar para outro aspecto, que é o fato que crianças confiam em adultos, principalmente os pais, e se não formos honestos e continuarmos usando palavras que não corresponde aos fatos, as crianças aprenderão que falar levianamente é a norma na vida e, assim, estaremos plantando as sementes da superficialidade e desonestidade. Então, se sabemos que vai doer, é importante não negar o fato e ajudar a criança a entender que na vida temos que aprender a lidar com coisas que são dolorosas e não dizer qualquer coisa que não corresponde à verdade apenas para se livrar da situação e aplicar a injeção de qualquer forma. O que significa que não estamos interessados no desenvolvimento emocional da criança, nosso interesse está em nós mesmos, em terminar o evento incômodo e inconveniente o mais rápido possível. É uma parte importante do processo de aprendizagem como pais estar ciente quando o nosso foco é direcionado para nós mesmos, em vez de estar direcionado à criança.

No exemplo de meu filho, às vezes demorava um pouco até que ele permitisse a injeção sem que ninguém o segurasse. Depois de explicar a necessidade e dizer a verdade que iria doer um pouco, mas que se não tomasse a dor iria piorar, finalmente ele permitia, não sem antes ver o tamanho da agulha. Após algum tempo para se preparar e aceitar, ele permitia que a injeção fosse aplicada. Respeitar é a regra de ouro em qualquer relacionamento, e o relacionamento pai/mãe e filho não é exceção. Respeito é fundamental em qualquer idade.

É importante que ajudemos as crianças a conhecerem a si mesmas e a enfrentarem os desafios com inteligência, sempre aprendendo sobre tudo, o que as ajudará a prevenir a vitimização, tão comum quando não entendemos os mecanismos da vida. É tarefa dos pais ajudar a criança a crescer de forma saudável, mas quando falamos de um modo de vida saudável, o que queremos dizer? Significa olhar a vida com olhos capazes de aprender, interessados no que está acontecendo. Revela uma vida que tem energia de sobra para olhar e ver as situações como desafios e não transformá-las em problemas.

É importante que ajudemos as crianças a conhecerem a si mesmas e a enfrentarem os desafios com inteligência, sempre aprendendo sobre tudo, o que as ajudará a prevenir a vitimização, tão comum quando não entendemos os mecanismos da vida.

Portanto, a paternidade é, acima de tudo, uma relação de confiança. A criança precisa se sentir segura, saber que aconteça o que acontecer os pais sempre estarão presentes, e que podem confiar seu coração aos pais sem serem julgados. Esse é outro ponto crucial – não julgar a criança quando ela comete um erro ou quando faz algo grosseiramente equivocado ao nosso entendimento. Quando vestimos o manto do juiz universal e achamos que temos o direito de julgar a torto e a direito, a única coisa que atestamos é que não entendemos a vida, e com a máscara de juízes tentamos esconder nossas fragilidades e impotência diante da vida.

A paternidade é, acima de tudo, uma relação de confiança.

No entanto, a verdadeira mensagem que estamos enviando com esse tipo de atitude é que estamos em um pedestal, que nunca cometemos erros, então a criança começa a se recolher em seu próprio mundo, e a semente da inferioridade foi plantada. Ela pensa que é a única pessoa a cometer erros, e que ninguém mais os comete. Isso pode se desdobrar de muitas maneiras. Uma possibilidade é que ela comece a tentar encobrir seus erros ou enganos para parecer que está tudo bem aos olhos dos pais, e um relacionamento artificial começa a se desenvolver. Outra possibilidade é a de rebeldia, em que ela pode começar a fazer de tudo para irritar e mostrar aos pais que, afinal, eles não são perfeitos. De qualquer forma, o relacionamento se torna doentio e cansativo, e o que tinha potencial para ser uma parceria, aos poucos se transforma em um campo de batalhas.

Não julgar a criança quando ela comete um erro ou quando faz algo grosseiramente equivocado ao entendimento.

Também é importante ver o perigo do autoritarismo, que é diferente da autoridade. Há uma autoridade natural na paternidade, que não precisa se tornar um fardo para a criança. Na verdade, tudo o que é natural é belo e só desenvolve feições feias quando tentamos transformá-lo em algo que não é natural. E isso é feito facilmente quando temos uma relação possessiva com nossos filhos, quando os olhamos como "meu" filho ou filha.

Esse senso de propriedade não é natural, é uma crença desenvolvida a partir do instinto primordial de proteção e retida pela mente que tudo vê pelas lentes do "eu" e do "meu". Essa maneira de se relacionar parece ser a causa da maioria, se não de todos os nossos problemas em qualquer relacionamento, especialmente com as crianças. Isso porque, quando olhamos a criança pelas lentes da propriedade, perdemos a leveza necessária para enxergar a inocente vulnerabilidade que advém da total confiança de que uma criança é capaz de ter.

Com a máscara de juízes tentamos esconder nossas fragilidades e impotência diante da vida.

Se traírmos a confiança de uma criança, podemos prejudicar algo que realmente não pode ser medido, portanto, o dano pode ser mais profundo do que nossos olhos podem ver. Para evitar tal desastre precisamos manter vivo o espírito de aprendizagem e ajudar a criança a ver que a vida é um vasto oceano com potencial infinito para infinitas descobertas. Se formos capazes de ver a beleza de cada nova descoberta, a vida se tornará uma prazerosa aventura, em vez do campo de batalha feio e doloroso onde a maioria de nós se acostumou a viver, acreditando que a vida é uma jornada dolorosa que deve ser empreendida. E assim vamos de um problema doloroso para outro. Podemos ajudar nossos filhos a nos ensinar a olhar a vida com olhos de inocência? Com olhos de quem não sabe nada da vida? Com um coração que não está sobrecarregado com as dores de ontem? Podemos dar uma chance à vida de nos mostrar sua face de beleza, alegria e amor?

Se nós, como pais, estivermos prontos para aprender a cada momento da vida, poderemos ajudar nossas crianças a verem a vida como uma descoberta cotidiana, ao invés de carregarem pesadas cargas que parecem tão naturais para a maioria de nós. Se estivermos abertos ao aprendizado constante, talvez as afortunadas almas que compartilham a vida conosco aprendam a explorar a vida em vez de ter certeza de tudo, o que por si só é um fardo.

> Há uma autoridade natural na paternidade, que não precisa se tornar um fardo para a criança. Na verdade, tudo o que é natural é belo e só desenvolve feições feias quando tentamos transformá-lo em algo que não é natural.

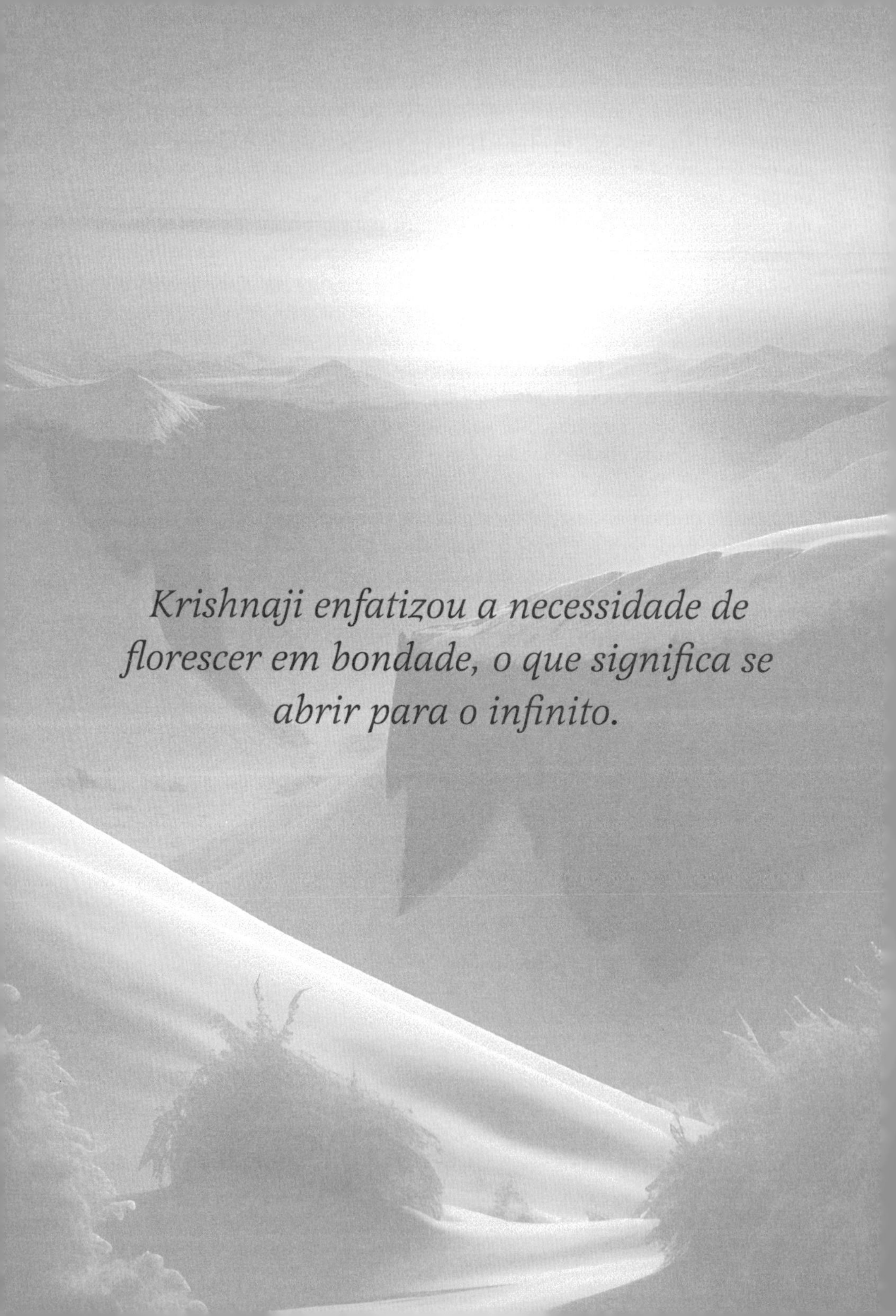

Krishnaji enfatizou a necessidade de florescer em bondade, o que significa se abrir para o infinito.

CAPÍTULO 14
KRISHNAJI - FLORESCER EM BONDADE

O mundo mudou tremendamente no último século. Com a explosão tecnológica a vida humana se tornou mais confortável em muitos aspectos, mas psicológica e internamente os seres humanos não mudaram. Ainda somos violentos, gananciosos, invejosos, ciumentos e muito mais. A guerra ainda é uma ameaça na sociedade moderna, e agora desenvolvemos armas poderosas que podem destruir a possibilidade de vida na Terra nos próximos séculos. Com este cenário não é difícil ver que nós, seres humanos, não somos inteligentes, e que a inteligência é a qualidade que falta à humanidade para que não se autodestrua.

Para nos resgatar de nossa própria ignorância, que é a ignorância de quem somos, tivemos muitos professores durante os milhares de anos de existência nesse planeta e, atualmente, temos, entre outros, J. Krishnamurti, que tenta nos acordar das ilusões criadas pela falsa ideia do "eu ". Krishnaji não traz uma nova filosofia ou explicações abstratas sobre o universo e sua origem, ele fala sobre a origem e criação de toda miséria e confusão no mundo, que é a falsa ideia de um "eu" separado. Ele também aponta o que levou a humanidade a esse ponto trágico em que criamos meios de autodestruição.

Para muitas pessoas parece difícil até mesmo ouvir o que Krishnamurti tem a dizer, pois ele vai direto ao cerne da questão e não está interessado em nada além de apontar os obstáculos autocriados para o despertar da inteligência. Aqueles dispostos a olhar para si mesmos descobrirão que os problemas no mundo começam em nós mesmos. A sociedade é projetada exatamente da mesma maneira que somos. Uma sociedade sem justiça, com poucos se alimentando das riquezas da terra e a maioria oprimida pelo peso de regras cruéis e leis desumanas para classes trabalhadoras. Os ricos dando um pouco de caridade aqui e ali e sentindo que seu dever foi cumprido, sem nunca questionar a própria estrutura social, pois não gostamos de ser perturbados e sair da nossa zona de conforto, e assim continuamos sem questionar o estado das coisas.

Questionar, sem aceitar ou rejeitar, é uma das coisas apontadas por Krishnamurti como forma de enxergar com clareza. Mas, para a maioria de nós, questionar é uma coisa indesejável, pois pode nos levar a ver o que temos tentado esconder — até de nós mesmos. É esse hábito de não entrar em contato com fatos criou o mundo em que vivemos. Evitamos olhar para nossa feiúra cobrindo-a com belas palavras, assim criando opostos. Do ódio criamos o amor, que não é amor, pois brota do medo. Basicamente, o medo é a energia criada pelo processo de pensamento com suas raízes na ideia que separa, que cria o ego.

Está claro que o mundo que vemos fora é o mesmo que existe dentro, é o mesmo movimento acontecendo dentro e projetado fora, portanto o trabalho a se fazer está dentro. Ver o que está acontecendo no interior é o que traz mudanças no mundo interno e por consequência no mundo externo. Isso ocorre porque o mundo exterior existe apenas como um reflexo, não tem vida própria e refletirá exatamente o que está acontecendo dentro. Como a mente divide em externo e interno, pensamos que essa divisão é real e tentamos agir de acordo com essa projeção, quando na verdade deveríamos focar nossa atenção no projetor e ver de onde vem esse mundo projetado.

Talvez o erro que continuamos a cometer seja acreditar que podemos mudar o exterior sem olhar para dentro. De alguma forma, vivemos na ilusão de que o que somos não é importante e que podemos mudar as pessoas ao nosso redor sem entender do que estamos falando. No momento em que começarmos a olhar para dentro, deixaremos de tentar mudar as pessoas, entenderemos o que é necessário para que a mudança ocorra, portanto, começaremos a ver a futilidade de pedir a alguém que mude. São apenas os teóricos e intelectuais, que não têm compreensão de si mesmos, que falam em mudar os outros ou mudar o mundo.

Uma mente doente, distorcida, sem compreensão de si mesma, tenta mudar o mundo, tenta estabelecer o modelo, a forma como o mundo deve funcionar e como as pessoas devem viver; e no que devem acreditar. Esse roteiro se repetiu muitas vezes na história da humanidade e, de alguma forma, não conseguimos entender que nenhuma mudança real e fundamental aconteceu e nunca acontecerá pela força. Seja o poder do Estado ou o poder da religião organizada tentando impor seus caminhos. Historicamente provou-se que os resultados são sempre os mesmos: a exploração e o autoritarismo com todas as suas terríveis consequências. É possível para nós ver este fato óbvio e mudar de direção? É possível passar da competição à cooperação, da política, com seus jogos egoístas, à democracia real? Isso depende apenas de você e de mim. Quando mudarmos, veremos que o mundo já não será mais o mesmo.

Krishnamurti nos mostra que é impossível ter uma boa sociedade com a mesma visão egoísta que criou a atual. Ele também destacou que as mudanças só podem acontecer se nós, você e eu, mudarmos. Isso é uma revolução por si só, porque sempre acreditamos que depois de ler alguns dos chamados livros sagrados, saberemos o que é necessário. Também acreditamos que, por termos lido esses livros, encontramos algo grandioso, ou pior ainda, achamos que nos tornamos grandes pessoas porque temos algum conhecimento vindo de livros. O fato é que, somente o autoconhecimento é capaz de transformar a mente humana.

Um livro é apenas um feixe de palavras organizadas de uma certa maneira. Para olhar na direção em que o livro aponta precisamos ter uma mente clara, sem qualquer opinião ou conclusão. É essa capacidade de observar sem avaliar que Krishnamurti chama de inteligência. Abandonar nossas opiniões e conclusões é uma das coisas mais difíceis, porque acumulamos e guardamos cuidadosamente todo esse conhecimento e isso nos dá uma certa sensação de que há algo além da feiúra de uma vida sem amor e que palavras podem nos tirar do marasmo que criamos e que vivemos.

> Somente o autoconhecimento é capaz de transformar a mente humana.

Krishnaji identifica as maneiras pelas quais a mente humana tenta escapar da brutalidade, da falta de amor em nós. É difícil olhar, é horrível ver que, embora falemos sem parar sobre o amor e, às vezes, até sejamos capazes de um pouco de consideração, no fundo o que chamamos de amor é uma atividade egocêntrica que está enraizada no "eu" e no "meu". Assim, para despertar a inteligência, que é sinônimo de amor e compaixão, precisamos ver e compreender os caminhos da mente.

> No fundo o que chamamos de amor é uma atividade egocêntrica que está enraizada no "eu" e no "meu".

Para ver algo precisamos olhar e parar de fugir. O ponto de virada é olhar, dar total atenção ao que está acontecendo dentro, observar nossos processos de pensamento, nossos sentimentos, porém justificamos ou explicamos tudo, para que não tenhamos que olhar novamente. Mas nesta escuridão de ignorar nossos próprios caminhos e sentimentos, perpetuamos a sociedade monstruosa em que vivemos.

Foi a ignorância do que somos, a ignorância da Unidade da vida, que degenerou nosso mundo interior e, portanto, também o mundo exterior. Para nos regenerarmos, precisamos voltar a atenção para dentro. Krishnaji enfatizou a necessidade de florescer em bondade, o que significa se abrir para o infinito. Quando vivemos na pequena piscina do "eu", estamos como que em um quarto escuro, embora o sol esteja brilhando forte e claro a céu aberto. O "eu", que é o centro de escuridão, de ignorância, está cheio de fórmulas e desejos de controlar a vida. Talvez a bondade seja o céu aberto, onde a vida é vista como ela é, onde não existe lugar para o "eu".

Florescer em bondade é essencial e, no entanto, é a coisa mais árdua a se realizar. Talvez pareça tão difícil porque estamos acostumados a ir na direção oposta. Há tempos fugimos do autoconhecimento, criamos todos os tipos de fugas, da autoilusão à indústria do entretenimento. Tentamos de tudo e agora não temos escolha a não ser olhar para o único lugar onde o autoconhecimento sempre esteve, que é nossa própria mente e coração. À medida que entendermos o que se passa dentro de nós, também entenderemos o que se passa em cada ser humano no mundo. É somente essa compreensão que traz humildade, amor e compaixão. Não há atalhos, e por mais livros que leiamos, não trarão a compreensão da vida, que só começa com a compreensão de si mesmo.

Krishnaji quebra as grades da prisão criada pela mente e também diz que a chave para o ar livre está dentro de cada um de nós, nenhum agente externo pode nos dar a chave. Ao dizer isso, ele também nos liberta da autoridade de outrem, seja o sacerdote ou o seu próximo. No campo interno temos que andar sozinhos. A única companhia permitida nesse sagrado campo é o amor, pois o amor é a única força capaz de mover montanhas e provocar uma revolução total na natureza humana. Mas para que o amor venha a existir, o primeiro requisito é nos desnudarmos do egoísmo. O senso de autoimportância e autoengrandecimento tem que desaparecer. O amor não conhece o orgulho e despoja tudo o que o "eu" cuidadosamente amontoa e protege com zelo feroz.

Romper com a escuridão requer tremenda energia, como a semente que rompe o invólucro e se transforma em árvore, da mesma forma, também precisamos quebrar a casca da ignorância, o "eu", e desabrochar em bondade. Enquanto a semente não quebrar o invólucro ela permanecerá aprisionada em seu interior apenas como uma árvore em potencial. Do mesmo modo, enquanto não quebrarmos a casca do "eu", nosso potencial humano permanecerá aprisionado em suas barreiras. É somente a céu aberto que o humano encontra espaço para florescer e espalhar seu perfume e encher o ar de amor e bondade. Os ensinamentos trazidos por Krishnaji versam sobre a necessidade de quebrar o invólucro do "eu".

Esses ensinamentos apontam que é necessária uma grande quantidade de energia para que tal avanço ocorra, e as maneiras pelas quais estamos desperdiçando essa energia também são expostas. A única coisa a fazer é ouvir. Mas mesmo isso parece difícil para nós. Somos muito seguros de nossas opiniões e arrogantes demais para reconhecer nossos erros. Se pudéssemos ouvir sem tirar conclusões precipitadas ou sem comparar o que está sendo dito com o que pensamos saber, contudo, ouvir assim exige muita humildade, não a cultivada pelos arrogantes, mas aquele sentimento de não saber, de estar aberto, em estado de total vulnerabilidade.

Na verdade, o que Krishnamurti está dizendo é muito simples e básico, e como ele também indicou, não podemos ir longe se não estabelecermos as bases corretas, que é começar conhecendo os caminhos e motivos de nossa mente. Como sabemos, estabelecer o alicerce correto é vital, e na jornada espiritual é árduo. Os sábios, ao longo dos tempos, apontam para esse fato de várias formas e de maneiras diferentes.

> Não podemos ir longe se não estabelecermos as bases corretas, que é começar conhecendo os caminhos e motivos de nossa mente.

Quando Krishnamurti estava em seu leito de morte, ele disse aos que o cercavam que, por não ouvirem profundamente, não sabiam o que estavam perdendo. Hoje, depois de todos esses anos, podemos ver do que ele falava. Não houve ninguém antes de Krishnamurti que tenha falado para as multidões da maneira que ele o fez. Krishnamurti expõe a psique humana de forma única, nunca exposta antes.

É quase um pecado se aqueles que são capazes de sentar e apenas ouvir, negam à humanidade a graça de dias melhores. Estamos acostumados a pensar em termos de "minha" salvação, "meu "progresso espiritual, mas na verdade não há progresso pessoal nem salvação pessoal, parece assim porque olhamos tudo através das lentes do "eu", e enquanto a ideia de "eu" permanecer, é impossível ver claramente como a vida realmente é. Precisamos parar de buscar o avanço espiritual pessoal, que é a forma mais elevada de egoísmo. Quer vejamos ou não, nossa cegueira não muda o fato, apenas o mantém na escuridão da ignorância em que vive o "eu".

Chegamos a um ponto na história humana muito perigoso. Somos extremamente ignorantes das consequências do que estamos fazendo e extremamente gananciosos, com uma poderosa tecnologia à nossa disposição. Essa combinação de ganância, ignorância e tecnologia é terrível. Talvez tenhamos chegado ao ponto que foi visto por Blavatsky quando ela pediu desesperadamente aos que a cercavam para não dividir a Sociedade e mais, ela disse que se pudéssemos ver o que ela via, trabalharíamos pela fraternidade e nada mais. Krishnaji também disse no final de sua vida: "Pelo amor de Deus, acordem! Não sabem o que espera a humanidade ao virar da esquina!" Hoje podemos estar vivendo o que eles previam. Mas mesmo com as espadas penduradas sobre nossas cabeças, ainda não estamos dispostos a ouvir. É de se perguntar se a espécie humana é incapaz de mudar, de ser inteligente. Se este for o caso, então não há muito o que esperar. Se continuarmos a escolher os mesmos velhos caminhos e justificá-los dizendo que esse foi o caminho de nossos pais e antepassados, ou se justificarmos nosso egoísmo com livros e velhas tradições, também continuaremos tendo o mesmo resultado que tivemos até agora — mais violência, guerras e consequentemente mais dor e sofrimento.

Krishnamurti é claro: o que é necessário é uma revolução interior total e plena. Uma forma completamente nova de viver sem a competição que gera violência, uma forma em que a humanidade nunca viveu antes. Isso por si só é suficiente para questionarmos a tradição e tudo o que tentamos até agora, pois que nada funcionou, e permanecemos psicologicamente, os mesmos por milhares de anos.

Há quem justifique o estado atual das coisas dizendo que para ver claramente é preciso haver crescimento interior, o que é verdade. Mas fica a pergunta: O que nos fará crescer? E sabendo disso, por que não crescemos? Não é porque quando dizemos isso já assumimos que esse crescimento é para o futuro, não estamos prontos agora? Na verdade, vivemos de palavras e esperanças vãs.

A realidade é que se somos capazes de ver que o crescimento é necessário, então também estamos prontos para crescer. Mas tentamos evitá-lo, porque é uma tarefa árdua. Mas o mundo está se tornando cada vez mais perigoso, não há escolha, temos que amadurecer, assumir a responsabilidade pelo que está acontecendo e parar de fugir. Já estamos fartos e a Terra não aguenta mais.

O planeta precisa que nos comportemos como gente grande, assumindo responsabilidades, e não procurando culpados pelos infortúnios da vida. Para crescer, precisamos nos manter de pé e não depender de ninguém para ver com clareza. Temos que encarar a vida com olhos de criança, ou seja, olhos de inocência, capazes de ver a vida como pela primeira vez, com a mente aberta, a mente que não está acumulando as mágoas e os prazeres de ontem, portanto, está sempre fresca, inocente. Para chegar a esse ponto de inocência, o "eu" deve ser entendido e deixado de lado. Uma mente egocêntrica nunca pode ser inocente, pela simples razão que a inocência requer uma mente simples e flexível; e o egocentrismo cria complexidades e rigidez.

No ano de 2020, comemoramos 125 anos do nascimento de J. Krishnamurti, o Instrutor Mundial para o ponto de virada na consciência humana. Estamos vivendo em um tempo que exige um estado de alerta tremendo. Não podemos escapar e fugir, pois não há para onde correr. É uma lição histórica ensinada pela Mãe Natureza que aqueles que não querem mudar não podem sobreviver, pois a vida não espera ou desacelera para aqueles que tentam evitar seu ritmo. Quebremos a casca da ignorância, enterrada na escuridão do "eu", desabrochemos em bondade, e sejamos o ser humano que nascemos para ser.

O estado atual do mundo é o resultado de nossa atitude individual na vida, a maneira como nos comportamos.

CAPÍTULO 15
COVID-19, DE ONDE VEM?

O Ano Novo começou como qualquer outro, mas logo 2020 se revelou um ano que se destacará na história da humanidade. Um novo vírus começou sua jornada na China e logo foi sentido na Europa, América e África. Mais rápido do que qualquer outro vírus já conhecido, alcançou o mundo inteiro. Praticamente nenhum país conseguiu se esconder do novo surto de coronavírus. Foi uma situação sem precedentes na história humana. Mesmo que tivéssemos pandemias antes, o que torna esse surto tão diferente foi a velocidade de contaminação e os portadores silenciosos e assintomáticos – pessoas que carregavam o vírus, mas que não desenvolveram a doença.

O mundo ficou em guerra com esse inimigo silencioso e invisível. Mas é mesmo um inimigo? Tendemos a pensar que sim, porque definimos que o que mata os seres humanos é um inimigo. Se seguirmos essa definição, logo descobriremos que o verdadeiro inimigo somos nós mesmos. Estamos matando indiscriminadamente. Matamos seres humanos nas guerras, por meio da pobreza e fome, da falta de assistência médica, e também pela poluição do ar, da água e do envenenamento das plantas. Eliminamos animais por comida e esporte. Ainda os usamos em laboratórios para experimentos médicos. Tudo isso fazemos sem nos perguntar "quem é o inimigo?" Se matar define um inimigo, então a raça humana é o maior inimigo já conhecido.

Sabemos que o mal não existe na Natureza, pois o mal é uma criação da mente humana, e que a Natureza, sendo a governante da vida neste planeta, está sempre trabalhando para equilibrar e trazer harmonia ao todo. Quando olhamos para a quantidade de sofrimento gerado pela atividade humana, podemos ver facilmente por que a humanidade tem que enfrentar o subproduto de seu comportamento cruel. Certamente podemos ver que as doenças são filhas da ignorância humana, não da ignorância científica. A única ignorância que existe é a de quem somos e de como a vida está interconectada em todos os níveis. Essa ignorância afeta tanto os alfabetizados quanto os analfabetos. Precisamos viver livres de doenças, e para isso precisamos entender a Natureza e começar a cooperar com ela, deixando para trás qualquer ideia de exploração.

Somos capazes de crueldade por desconhecimento do simples fato de que tudo o que fazemos, ecoa no campo de nossa própria existência, portanto, o que quer que façamos, fazemos a nós mesmos. Ignorando a Unidade da vida, nos sentimos livres para criar a guerra, matar animais por comida ou por esporte. Achamos que o "outro" está separado de nós porque temos corpos distintos, declaração de impostos diferente e assim por diante. Mas apesar do que acreditamos ou pensamos, a Verdade é a Unidade. Tudo o que fazemos abre portas que não podem ser vistas ou medidas, porque não podemos vê-las. Acreditamos que elas não existem, mas a vida continua e logo essas portas darão acesso à pessoas e situações para entrarem em nossas vidas.

O que quer que façamos, fazemos a nós mesmos.

A crise que sentimos ser tão difícil de lidar vem se desenvolvendo lentamente com o processo de pensamento em nossa vida cotidiana – nosso modo de vida agressivo, a competição que acontece de uma forma ou de outra. Não somos seres plenos de paz, pelo contrário, estamos dispostos a lutar e a defender os nossos interesses, os interesses da família, do grupo, da organização à qual nos associamos, do país, etc. É esse tipo de energia agressiva que liberamos no ambiente em que vivemos. Podemos falar sobre amor e compaixão, mas em nossos relacionamentos há muito pouco ou nada disso. O que conta não é o que falamos, mas o que somos. Nossas ações liberam uma enorme quantidade de energia da qual a maioria de nós é ignorante.

O que quer que nos mova, reverberará ao nosso redor e criará o mundo em que vivemos.

O estado atual do mundo é o resultado de nossa atitude individual na vida, a maneira como nos comportamos. Podemos ser muito talentosos em esconder nossas intenções dos outros e até de nós mesmos, mas o que quer que nos mova, reverberará ao nosso redor e criará o mundo em que vivemos.

Vírus são invisíveis ao olho humano, mas o resultado de suas atividades é sentido e temido por nós. De fato, a ciência mostrou que as coisas mais poderosas da natureza não podem ser vistas a olho nú, como é o caso dos vírus, fungos e bactérias. A história provou que quanto mais soubermos sobre essas minúsculas formas de vida, melhor poderemos prevenir e tratar as doenças criadas por elas. Sabemos que um ambiente higiênico é importante para evitar que tais formas de vida se proliferem. Da mesma forma, agora temos que aprender sobre outra importante esfera da higiene – o modo de vida limpo e ético – não de maneira dogmática, estabelecendo regras e regulamentos, afinal, isso tem sido feito por eras. Todas as religiões o fizeram, mas de alguma forma não funcionou, pois as pessoas repetem esse conjunto de regras verbalmente, mas continuam seu cotidiano da mesma maneira, sem aplicar aquilo que pregam.

É preciso sentir a necessidade de uma revolução interior, ver que não podemos continuar a viver como temos vivido. Só mudaremos quando formos capazes de ver a destrutividade da competição, ambição, ódio e todas as atividades egocêntricas que acontecem neste mundo, construído tijolo por tijolo por uma abordagem egoísta e egocêntrica da vida. Quando reconhecermos que o que realmente cria este mundo é o nosso próprio modo de vida, as crenças que temos e o desejo sem fim por mais, então também sentiremos a necessidade de mudança.

Somos bárbaros desejando viver em um mundo civilizado. Não percebemos que sendo de natureza bárbara, onde quer que formos, levaremos conosco a barbárie que se manifesta quando falamos ou agimos. Para viver em um mundo civilizado, temos que ser civilizados e nos comportar de maneira civilizada. Isso é simples e básico, mas de alguma forma não compreendemos este simples fato. Nós polimos nossas maneiras à mesa, mas nossa ganância continua a mesma.

A maioria de nós tem procurado algum sentido na vida. A esperança de encontrar tal significado está no futuro, de nos tornarmos alguém diferente do que somos agora. Mas não entendemos o que somos agora e, porque temos medo do que podemos ver, sonhamos com um mundo perfeito que estará em algum futuro distante. O fato é que sem olhar para o problema – que somos nós mesmos – a situação não mudará e continuaremos como estamos há milhares de anos. O foco tem que mudar do futuro ou do passado para o que somos agora, porque é apenas no momento presente que existe a possibilidade de mudança.

Estamos lutando para encontrar uma maneira de permanecermos bárbaros e, ao mesmo tempo, desfrutarmos da paz de um mundo civilizado. Vivemos na ilusão de que a ciência, juntamente com a tecnologia, corrigirá essa condição de desequilíbrio, mas o fato é que, seja o que for que a ciência faça, nunca nos permitirá enganar a Natureza. O fato é que estamos criando cada vez mais dor e sofrimento para nós mesmos, isso ocorre porque temos a tendência de ignorar que os humanos são apenas uma pequena parte da criação da Natureza neste planeta.

Tudo na Natureza funciona em equilíbrio e harmonia. É apenas a atividade humana que está criando desequilíbrio. Sendo desarmônicos e desequilibrados em nós mesmos, projetamos esse desequilíbrio em nossos relacionamentos na vida cotidiana, e essa projeção está criando nosso mundo incrivelmente louco. Para nos harmonizarmos, precisamos entender o nosso processo de pensamento e o seu efeito no mundo. O ser humano é a única espécie capaz de autopercepção, de se conhecer. A capacidade de ver e conhecer a nós mesmos é um dom único que a humanidade está ignorando e tentando evitar. Enquanto não entendermos o que estamos fazendo e vivermos em harmonia, podemos fazer o que quisermos, mas o resultado será sempre desequilíbrio e luta.

Para nos harmonizarmos, precisamos entender o nosso processo de pensamento e o seu efeito no mundo.

Todos almejamos uma vacina ou um medicamento eficiente para impedir a propagação do coronavírus. Claro, é importante encontrar a cura, mas é igualmente importante ir ao cerne do problema, encontrar as portas e janelas através das quais os vírus podem encontrar seu caminho e prejudicar o corpo humano. É importante que fechemos essas portas e janelas para sempre. Para isso, precisamos nos aprofundar em nós mesmos em uma jornada para algo que é um mistério, uma dor e também um deleite. Não pode ser descrito ou previsto, o caminho se revela a cada passo, e o caminhar é único para cada um de nós. Portanto, ninguém pode estabelecer regras a serem seguidas na terra sagrada do nosso próprio ser.

É importante entender que quando falamos em fechar a janela pela qual os vírus entram no corpo humano, não estamos dizendo que o corpo estará livre de vírus, mas que eles não encontrarão as conexões adequadas para se transformar em ameaças à vida. Talvez quando a vida humana neste planeta não for mais uma ameaça a qualquer forma de vida, também possamos nos libertar das ameaças de doenças dolorosas que nós, como humanidade, lutamos em vão para superar. É muito difícil encontrar a porta de saída para um problema sem entender suas raízes, o solo de onde ele cresce.

Essa crise passará e a humanidade continuará sua jornada. Aqueles que conseguiram aproveitar esses dias de reclusão forçada como uma oportunidade para olhar a vida com outros olhos com vontade de compreender, de descobrir quais são as causas do sofrimento e se ele pode chegar ao fim, serão as pessoas que talvez tenham mais capacidade de mudar seus caminhos e abrir a porta para que o amor e a compaixão venham a existir.

Esperar por uma sociedade diferente e permanecer o mesmo é brincadeira de criança. Sentar e meditar pela paz no mundo quando nós mesmos estamos em intermináveis conflitos interior, em guerra com aqueles que não pensam ou se comportam como gostaríamos, e com aqueles que não seguem nosso conjunto de regras ou regulamentos, é pura cegueira. Este não é um momento para desejos ou esperanças, mas para despertar a inteligência – um momento para mudanças em nosso ser.

Ninguém pode estabelecer regras a serem seguidas na terra sagrada do nosso próprio ser.

É tão fácil se perder em vaidades e arrogância, mas Annie reconheceu que uma posição não significa nada, o que realmente tem significado é sermos capazes de sentir em nosso coração, é esse amor devocional que não tem medo do julgamento público ou do ridículo.

CAPÍTULO 16
ANNIE BESANT E O INSTRUTOR DO MUNDO

Falar de Annie Besant não é tarefa fácil, ela era uma pessoa única com qualidades raras. A maioria de suas realizações foi mencionada em muitos lugares, mas parece que a coisa mais importante foi de alguma forma negligenciada ou, pelo menos, não recebeu o destaque que merece em sua vida quando as pessoas falam sobre ela.

Sua biografia mais recente, *Annie Besant — Struggles and Quest* (2017), de Muriel Pecastaing-Boissiere, menciona esse grande esforço apenas de passagem. Mesmo aqueles na Sociedade Teosófica, que têm grande reverência por seus ensinamentos, esquecem sua devoção e anseio pela vinda do Instrutor do Mundo. Annie foi a pessoa que iniciou a busca por alguém adequado para cumprir a profecia feita por Madame Blavatsky, que lhe disse pessoalmente que a cada 2.000 anos um Instrutor do Mundo vem dar novas instruções para o progresso da humanidade.

Assim que Annie se tornou presidente da ST, ela e seu colega C.W. Leadbeater[11], que se diz ter sido treinado para adquirir poderes psíquicos para identificar a pessoa adequada, começaram a falar abertamente sobre a vinda de um novo Instrutor. Ela dedicou toda a sua vida como Presidente falando sobre o Instrutor do Mundo. Em todos os discursos ela o mencionava e pedia às pessoas que ajudassem a Sociedade a cumprir sua tarefa, que é a de apoiar o trabalho do novo Instrutor.

Annie travou muitas batalhas para proteger a chegada iminente e garantir que a ST fizesse seu trabalho. Muitos membros devotados da Sociedade não entendiam sua posição e eram abertamente contra suas ideias. Este foi o caso da ST na Alemanha, quando Rudolf Steiner, seu Secretário Geral na época, se rebelou contra a ideia de novos Ensinamentos, e deixou a Sociedade, e com ele quase toda a Seção Alemã. Annie enfrentou com coragem e bravura os críticos que zombavam de seu protegido sem nunca perder a fé na obra que prestava à humanidade. Foi ela quem possibilitou a J. Krishnamurti ter liberdade suficiente para cumprir a previsão feita pela própria Madame Blavatsky, como mencionado acima.

---

11 Charles Webster Leadbeater (1854 - 1934), nasceu no Reino Unido e foi sacerdote da Igreja Anglicana até se tornar membro da Sociedade Teosófica. Foi também maçom e bispo da Igreja Católica Liberal e autor de diversas obras. Sua trajetória na ST foi controversa. Nota da ed. bras.

Mais tarde, quando Annie havia deixado o corpo físico e Krishnamurti foi convidado a dizer algumas palavras em sua homenagem, ele simplesmente disse: "Amma nunca me disse o que fazer ou não fazer; e ao dizer isso presto-lhe a maior honra." Nestas poucas palavras há um oceano de beleza. Como Presidente da ST, Annie enfrentou enormes dificuldades durante todos os anos, e muitas delas vieram pelo fato de falar abertamente sobre a vinda de novos Ensinamentos, contudo, ela não fez de seus desafios um fardo para Krishnamurti.

Ela esperou anos sem fim por essa vinda, o trágico é que, quando finalmente aconteceu, Annie estava muito cansada de uma vida de batalhas e o corpo já estava desistindo. Mas ainda assim ela não decepcionou Krishnamurti, quando percebeu que aqueles que esperavam ardentemente pelo novo não podiam deixar de lado suas próprias conclusões e simplesmente ouvir. Ela até disse que seu pior medo havia se tornado realidade. A essa afirmação, aqueles que estavam apenas esperando um pequeno sinal para justificar seu apego ao velho e, portanto, fechar-se ao novo, ao desconhecido, distorceram essa afirmação e disseram que ela estava decepcionada com Krishnamurti.

O fato é que Annie percebeu que, em sua ausência, aqueles que haviam jurado fidelidade não estariam prontos para cumprir sua palavra, e Krishnamurti seria deixado à própria sorte. Prevendo isso, ela pediu a alguns de seus amigos indianos mais próximos para que o ajudassem e cuidassem dele até o fim. Foi esse grupo de amigos que a ajudou e permaneceu fielmente ao seu lado até seu último suspiro. Entre eles estava N. Sri Ram, que era seu secretário particular e anos depois se tornaria o quinto presidente internacional da Sociedade Teosófica. Foi sob sua presidência que a Sociedade começou a mudar de direção. É interessante ver como a história da ST se repete. Talvez seja hora de mudanças.

Há algum tempo, li nas memórias de Mary Zimbalist[12] que, algumas vezes, quando Krishnamurti falava em público, podia-se ver nele um rosto muito jovem e de beleza sobrenatural, mesmo quando ele já estava na casa dos 70 ou 80 anos, e que ele costumava falar sobre "o rosto", como ele se referia, dizendo que quando ele encontrou Amma (Annie) ainda menino em uma estação ferroviária na Índia, ela viu "o rosto".

Krishnamurti também disse que são necessários milhares de anos para se desenvolver "o rosto". Isso pode explicar por que Annie nunca desistiu

12 Atriz americana, (1915 - 2008). Sua obra: *In The Presence of Krishnamurti: The Memoirs of Mary Zimbalist*. Nota da ed. bras.

dele para o cumprimento da profecia de HPB. Ela sabia o que viu. Graças a Deus por seus verdadeiros amigos indianos que, mesmo não vendo o que ela viu, foram leais e ficaram ao seu lado, viesse o bem, viesse o mal. Essa qualidade é rara, pois normalmente estamos ao lado de quem vê como nós e, ao menor desacordo, mudamos imediatamente nossa posição de apoiador para crítico. Talvez haja tempo para mudanças.

Há outra qualidade de Annie que vale a pena mencionar. Ela foi presidente do ST quando estava em seu auge. Tinha quase cinquenta mil membros em todo o mundo, e ela era vista como uma líder verdadeiramente espiritual pela maioria deles. Com tudo isso, ela foi humilde o suficiente para reconhecer que Krishnamurti era o Instrutor e o expressou em inúmeras ocasiões, não apenas em palavras, mas em atos, ela se acomodava no chão na frente dele durante suas palestras públicas.

Dada a sua condição de presidente, havia uma cadeira reservada para ela se sentar lado a lado com Krishnamurti na plataforma. Aquela cadeira sempre estava lá, mas ela passava direto e não prestava atenção aos apelos de Krishnamurti para que ela se sentasse na cadeira. Ela se sentava no chão aos pés dele e dizia: "Você é meu professor, quero aprender com você." Essa é a coisa mais linda que já ouvi.

É tão fácil se perder em vaidades e arrogância, mas Annie reconheceu que uma posição não significa nada, o que realmente tem significado é sermos capazes de sentir em nosso coração, é esse amor devocional que não tem medo do julgamento público ou do ridículo. Eu diria que ela sabia o que é importante na vida, a arte do discernimento, a arte de viver.

Annie foi uma personagem rara, que teve coragem de defender o que achava certo e reconhecer quando cometia erros. Existem muitos exemplos disso e, para mencionar um, podemos nos referir à fundação de escolas em toda a Índia e, em 1898, até o Central Hindu College. Depois de quinze anos de muito trabalho e dedicação, ela entregou o Colégio para se tornar o núcleo da Universidade Hindu de Banaras em 1913, quando viu que cabia ao novo Instrutor definir um novo caminho para a educação a fim de trazer uma nova civilização, um novo tipo de pessoas. Com a mesma paixão com que trabalhou para fundar o Colégio, com essa mesma paixão deixou tudo para trás.

Não há dúvida de que ela era apaixonada e intensa, e eram essas qualidades que Krishnamurti pedia a seus ouvintes. Mais tarde em sua vida ele disse ao Prof. Krishna: "se Amma não fosse tão avançada em idade, ela teria compreendido o ensinamento, porque você não tem ideia de sua capacidade de amar." A capacidade de amar é apontada como a qualidade mais importante para quem deseja viver uma vida espiritual. Talvez a qualidade de não estar apegado ao fruto do seu trabalho seja um subproduto do amor.

Há também uma história conhecida que no início quando Krishnamurti começou a ensinar publicamente e Annie percebeu que os membros da ST não estavam prontos para ouvir, ela queria ir com ele e deixar a Sociedade, mas Krishnamurti disse a ela para ficar, pois era a presidente. Mesmo neste caso, ela escutou e ficou, embora sua saúde piorasse dia a dia.

A capacidade de amar é apontada como a qualidade mais importante para quem deseja viver uma vida espiritual. Talvez a qualidade de não estar apegado ao fruto do seu trabalho seja um subproduto do amor.

O amor entre Annie e Krishnamurti nunca mudou desde o início, quando ela o adotou como filho, até seus últimos dias, quando o menino se tornou um homem e demonstrou a mesma força para enfrentar as dificuldades, da mesma forma que sua Amma. Tem sido dito repetidamente em todas as escrituras que o Amor é a qualidade necessária para trilhar o caminho espiritual, mas, aparentemente, somos incapazes de ouvir. Quando dizemos ouvir, não estamos falando do ato mecânico realizado pelo ouvido. Estamos falando da capacidade de ouvir com todo o nosso ser, com todos os nossos sentidos, ouvir sem censura ou julgamento. Em *The Key to Theosophy*, Madame Blavatsky diz:

> *Além de uma grande e acessível literatura pronta para as mãos dos homens, o próximo impulso encontrará um corpo numeroso e unido de pessoas prontas para acolher o novo portador da Verdade. Ele encontrará as mentes dos homens preparadas para sua mensagem, uma linguagem pronta para ele revestir as novas verdades que traz, uma organização aguardando sua chegada, que removerá de seu caminho os obstáculos e dificuldades meramente mecânicos, materiais. Pense no quanto alguém, a quem é dada tal oportunidade, poderia realizar. (...) Se a Sociedade Teosófica sobreviver e permanecer fiel à sua missão, ao seu impulso original ao longo dos próximos cem anos – diga-me, eu digo, se eu for longe demais ao afirmar que a Terra será um paraíso no século XXI em comparação com o que é agora!*

Lendo a citação acima é fácil entender a natureza do trabalho da Sociedade Teosófica. Mostra que a vinda de novos ensinamentos era aguardada e, claro, seria algo novo, algo não ensinado pelos fundadores. Outro aspecto que pode ser visto nesta citação é que Madame Blavatsky fala com entusiasmo sobre a vinda de novos ensinamentos e do papel da ST em preparar o caminho, removendo obstáculos e facilitando o caminhar para o novo Instrutor.

Sabendo que a ST foi fundada para sustentar o crescimento do humano em nós, é importante ter em mente que crescimento significa desenvolvimento contínuo e não doutrina cristalizada, incapaz de abraçar o novo, o desconhecido. Com isso em mente, Annie fez o possível para manter a ST fiel ao seu propósito. Ela nunca afirmou que os ensinamentos dados até seus dias eram os últimos, pelo contrário, ela advertiu seu público que os ensinamentos que estavam prestes a ser ministrados seriam completamente diferentes e que poderia não ser fáceis de entender, mas, mesmo que não compreendidos, não deveriam ser descartados. Ela pediu aos membros da ST apenas para ouvir.

Annie esteve com Madame Blavatsky por cerca de dois anos antes do falecimento desta última. Não é de surpreender que Annie sentisse que era missão da Sociedade preparar o caminho para o Mestre vindouro. De alguma forma, aqueles que são fiéis à Verdade são incompreendidos pela maioria das pessoas e, para realizar seu trabalho, enfrentam muitas dificuldades, essa é a tristeza em tudo isso. Também foi dito que os membros da Sociedade deveriam, pelo menos, ser capazes de ligar os pontos, somar dois e dois. Esperamos que ainda haja tempo e que tais membros ainda estejam por aí.

Em *A Doutrina Secreta,* lemos:

> *Como afirmado no Livro I, as humanidades desenvolveram-se coordenadamente e em linhas paralelas com os quatro Elementos, cada nova Raça sendo fisiologicamente adaptada para encontrar o elemento adicional. Nossa Quinta Raça está se aproximando rapidamente do Quinto Elemento – chame-o de éter interestelar, se preferir – que tem mais a ver, no entanto, com a psicologia do que com a física.*

A citação acima é outra pista que Madame Blavatsky nos deixou: a natureza do próximo elemento adicional tem mais a ver com psicologia do que com física. Esperamos que não haja necessidade de explicar que, ao nos aproximarmos desse novo elemento, a humanidade estará procurando entender e preencher esse critério. Isso parece explicar muita coisa.

Foi no século XVIII que a humanidade começou a se interessar pela psicologia, foi também nesse mesmo século que nasceu a psicanálise. A psicologia mudou ao longo dos séculos e hoje muitas coisas que se acreditava nos primeiros anos quando começamos a explorar o mundo psicológico, não são mais aplicadas pelos psicólogos modernos. Este parece ser o caminho para um corpo saudável — se desenvolver, mudar.

Os ensinamentos de Krishnamurti são puramente psicológicos, como ele mesmo explica a uma pergunta no livro de Mark Lee *World Teacher— Life and Teachings of J. Krishnamurti:*

> *P: Por que seu ensino é tão puramente psicológico? Não há cosmologia, nem teologia, nem ética, nem estética, nem sociologia, nem ciência política, nem mesmo higiene. Por que você se concentra apenas na mente e em seu funcionamento?*
>
> *K: Por uma razão muito simples, senhor. Se o pensador puder compreender a si mesmo, então todo o problema estará resolvido. Então ele é criação, ele é realidade; e então o que ele fizer não será anti-social. A virtude não é um fim em si mesma; a virtude traz liberdade, e só pode haver liberdade quando o pensador, que é a mente, cessa. É por isso que é preciso entender o processo da mente, o "eu", o feixe de desejos que criam o "eu".*

Quando Annie estava em seu leito de morte, Krishnamurti veio vê-la e ela estava preocupada com o estado das coisas, então ela perguntou a ele: "Filho, como você vai se sustentar se sair da Sociedade? Nós não preparamos você para ganhar a vida." Ao que Krishnamurti respondeu: "Amma, não se preocupe, se houver Verdade no que digo, flutuarei sobre as águas da vida; se não houver Verdade no que digo, deixe-me afundar."

Só o autoconhecimento traz sabedoria.

CAPÍTULO 17
TEOSOFIA NO SÉCULO XXI

Antes de começarmos a falar sobre Teosofia no mundo de hoje, pode ser importante que olhemos para o século 19, quando a Sociedade Teosófica foi criada. Como era o mundo naqueles dias e de que maneira ele mudou. Quais eram os desafios da humanidade, e quais são os desafios que enfrentamos hoje?

A ST foi criada em um mundo onde o Ocidente estava acostumado a acreditar que algumas pessoas poderiam ser escravizadas por outras de acordo com a cor de sua pele. Essa crença era muito forte e era quase impossível para um ocidental aceitar o fato da fraternidade humana.

Quando Blavatsky viajava no Tibete, estrangeiros não eram permitidos naquele país. Era impensável que uma mulher viajasse sozinha. Naquela época as mulheres faziam parte da propriedade do marido e não podiam ganhar seu próprio dinheiro nem fazer nada sozinhas. Foi nesse cenário que uma mulher, Madame H.P. Blavatsky, viajou pelo mundo, conheceu seu Instrutor, ficou no Tibete por algum tempo e aprendeu sobre uma antiga tradição de sábios que nascem um após o outro.

Esta tradição foi apresentada a ela por seu Mestre. Para entender o que isso significa, precisamos ter em mente que um homem sábio se torna sábio por seu próprio esforço e trabalho árduo. Só o autoconhecimento traz sabedoria. Assim, em um grupo de buscadores sérios, há sempre um guerreiro pronto para ocupar o lugar de um sentinela cansado. É dito em *The Mahatma Letters to A. P. Sinnett* que mesmo o mundo sendo ruim como é, sempre fornece uma nova sentinela para substituir um cansado. Isso parece significar que sempre haverá alguém, pronto para empreender a jornada interior e fazer o que for preciso para alcançar sabedoria e substituir um velho sábio que precisa se aposentar.

Em um grupo de buscadores sérios, há sempre um guerreiro pronto para ocupar o lugar de um sentinela cansado.

A tarefa da ST nunca foi fácil. Foi dito nas *Cartas dos Mahatmas*, que Teosofia - outra palavra para sabedoria - não é desejada pela humanidade, que ela não encontra lugar onde pousar os pés. Também já foi dito pelos mesmos sábios que "é hora da Teosofia (sabedoria) entrar na arena". Isso significa que a tarefa de uma sociedade, como a fundada por Madame Blavatsky e pelo Cel Olcott, é criar um lugar, por assim dizer, onde a sabedoria seja bem-vinda e onde possa ser nutrida.

O mundo mudou muito desde os primeiros dias da fundação da ST, em 1875. Tecnologicamente avançamos imensamente, mas interiormente nossas formas de pensar e sentir não mudaram muito. Continuamos agressivos e competitivos, a única diferença é que agora nossa capacidade de destruição foi amplificada pela tecnologia e estamos causando mais danos ao planeta do que éramos capazes no século XIX. Assim, parece que hoje precisamos mais do que nunca que a sabedoria entre em campo, mas a questão é: "Quais são os caminhos que efetivamente nos ajudarão a chegar à sabedoria?"

A maioria de nós sabe que Madame Blavatsky diz que Teosofia não pertence a nenhuma organização e tampouco diz tê-la criado. Também deixa claro que a ST não tem nenhum ensinamento próprio, que é a depositária de todos os ensinamentos dados por todos os sábios que já pisaram no planeta Terra. Com isso em mente, tentaremos entender o trabalho de uma Sociedade que vem reunindo tantos ensinamentos genuínos quantos possível, para colocá-los à disposição daqueles que são sérios e estão interessados em encontrar uma saída para a miséria e confusão em que vivemos.

Algumas pessoas na ST sentem que os membros da Sociedade têm que pregar dizendo às pessoas o que é Teosofia, ou sabedoria. Para mim, esta é uma abordagem equivocada, porque como a Teosofia não pode ser definida, não é coisa que possa ser ensinada a partir de um púlpito. O que podemos e devemos fazer é trabalhar nosso próprio entendimento sobre o assunto e, claro, compartilhar nossas descobertas. Porém, quaisquer que sejam as descobertas que possamos realizar, elas nunca serão conclusivas, simplesmente, porque em se tratando de sabedoria não há um estágio final em que uma pessoa sábia declara ter alcançado a meta. A pessoa que o fizesse seria imediatamente reconhecida como tola, porque o sábio nunca se refere a si mesmo como sendo sábio.

O mundo está cheio de pessoas pregando e dizendo aos outros o que é a coisa certa a se fazer e o que deve ser evitado. Esse tipo de abordagem provou ser, não apenas extremamente ineficiente, mas também prejudicial. É ineficiente porque, em primeiro lugar, ninguém pode dizer ao outro o que é certo e o que é errado, e quando começamos a criar fórmulas para a vida, na verdade estamos criando dogmas e fanatismo, que é o oposto de sabedoria. O certo e o errado surgem da percepção clara do que é a cada momento, e o que é certo em um determinado momento pode não ser no próximo. Então, ver com clareza e agir a partir dessa clareza é o que traz a ação correta. O fundamentalismo é prejudicial porque não há clareza ou sabedoria em crenças cristalizadas. Conclusões estagnadas são o berço da intolerância, que alimentam a violência.

A ST foi criada para nos ajudar a entender a nós mesmos, a vida e o mundo criado por nós. Não foi criado para se tornar mais uma fábrica de dogmas. O mundo realmente não precisa de novas ideias rígidas, já as tem em demasia, e é a maneira doutrinária de olhar para tudo que nos trouxe à beira do abismo. O mundo está em tal confusão por causa da ignorância, e há apenas um tipo de ignorância — a do funcionamento de nossa própria mente, a ignorância de quem somos.

Nós não nos conhecemos e não estamos interessados em conhecer. Estamos interessados em criar métodos para consertar o mundo que é o resultado de nossa ignorância em primeiro lugar. Portanto, não há necessidade de ser muito inteligente para ver que a solução para o problema é parar o que está criando o problema. É como um rio, se pararmos de poluir, ele se tornará limpo.

No prefácio de *A Voz do Silêncio*, Blavatsky nos diz: "Pois, a menos que um homem persevere seriamente na busca do autoconhecimento, ele nunca dará ouvidos a conselhos dessa natureza [espiritual]". Para mim só isso vale mil livros. Isso significa que, o primeiro passo para aqueles que estão interessados em alcançar a sabedoria, é o autoconhecimento. Isso também mostra a direção dos esforços de uma organização como a Sociedade Teosófica.

Para disponibilizar um lugar para estudantes sérios, precisamos estar realmente interessados em conhecer a nós mesmos, ao invés de adquirir mais e mais conhecimento para adicionar aos já existentes. Sobre a compulsão por mais e mais conhecimento, um grande sábio indiano, Ramana Maharshi[13] diz o seguinte quando questionado:

---

13 Bhagavan Sri Ramana Maharshi (1879 - 1950), foi um sábio indiano do Advaita Vedanta, que ficou conhecido por recomendar à autoindagação como meio para remover a ignorância, "quem sou eu?". Nota da ed. bras.

Devoto: A educação não torna um sábio mais útil ao mundo do que o analfabetismo?

Maharshi: Mesmo um homem instruído deve se curvar diante do sábio analfabeto. Analfabetismo é ignorância: educação é ignorância aprendida. Ambos ignoram seu verdadeiro objetivo, ao passo que um sábio não é ignorante porque não há objetivo para ele.

Nunca houve uma época como a em que vivemos hoje, em que os seres humanos alcançaram tanto conhecimento e, no entanto, vivem no iminente perigo da autodestruição. É fácil entender por que, sem conhecer a nós mesmos, somos surdos e cegos no mundo interior. Sem autoconhecimento, estamos destinados a criar mais confusão e miséria no mundo.

O que o mundo precisa hoje mais do que nunca? Requer sabedoria, e pessoas que estejam dispostas a deixar o mundo da ignorância e entrar no mundo do autoconhecimento. Também é importante entender que não podemos ter um pé em cada mundo. Novamente, somos lembrados do que Blavatsky disse em *A Voz do Silêncio*, que o eu da matéria e o Eu do Espírito nunca podem se encontrar, um deles tem que morrer. Isso significa que não podemos ter o melhor dos dois mundos, que vem a ser o que a maioria de nós está interessada.

Outro dia, li em *The Real Crisis*, de J. Krishnamurti, que em todos os tempos, sempre houve um grupo de pessoas vivendo uma vida sem ganância, ambição, raiva e assim por diante, e quanto maior o grupo dessas pessoas, mais a sociedade em que vivem está protegida da degeneração moral e espiritual. Isso me chamou a atenção porque sinto que essa é a razão pela qual o primeiro objeto da ST é tão importante. Que a Sociedade deve ser esse grupo de pessoas em cada país, então o núcleo da Fraternidade Universal não deve ser criado na Sociedade, mas a própria ST forma o núcleo dentro da humanidade — um grupo de pessoas dispostas a viver uma vida altruísta, uma vida de austeridade e sacrifícios.

Sacrifício aqui significa desistir da vida mundana de aquisição e egoísmo. Austeridade é outra palavra que se confunde com facilidade, significa viver uma vida sem desperdício, sem dar importância ao que não tem sentido real, colocar tudo no seu devido lugar, com equilíbrio em cada área da vida, e isso tem que ser compreendido e descoberto por cada um, não é algo a ser imposto através de regras.

Parece que a ST tem um trabalho colossal pela frente, e esse trabalho não é mais fácil agora do que quando foi fundada, no século XIX.

Proporcionar um lugar onde a sabedoria possa florescer e ser nutrida nunca foi tarefa fácil e ainda é difícil, porque exige empenho e inteligência. A única maneira de ensinar é pelo exemplo. Se quisermos demonstrar ao mundo que existe outra maneira de viver, temos que mostrá-la vivendo-a e não pregando. Temos que ser o exemplo daquilo que falamos.

Isso não é difícil de entender. Se temos um modo de vida tão maravilhoso que sentimos ser capaz de mudar o mundo inteiro, deveríamos ser os primeiros a viver dessa maneira que tanto elogiamos. Se falamos mas não estamos interessados em vivê-lo, quem vai acreditar que é realmente um bom modo de vida? Se descobrimos o melhor tipo de alimento, não é natural comê-lo nós mesmos, em vez de apenas oferecê-lo aos outros enquanto continuamos comendo o que dizemos ser prejudicial?

Se falamos de paz no mundo e ao mesmo tempo somos pessoas agressivas, competitivas e ambiciosas, que valor isso tem? Para ter o direito de falar sobre a paz no mundo, precisamos ser pacíficos, caso contrário, é hipocrisia — da qual o mundo está cheio — e não precisa de um novo grupo de pessoas para trazê-la à humanidade.

Vivemos em uma época que vive uma crise sem precedentes na história da humanidade. Desenvolvemos tecnologia a tal ponto que perdemos o controle sobre ela e há um perigo real de um poder tão grande ser mal utilizado e ameaçar a sobrevivência de toda a raça humana. Os problemas criados pela tecnologia não podem ser tratados pelo mesmo tipo de mente que os criou, que é a mente mecânica. Computadores podem fazer quase tudo o que os humanos fazem. Isso deveria abrir nossos olhos, porque se um computador, que é mecânico, pode substituir meu trabalho, isso significa que estou sendo mecânico, que não há criatividade, nem vitalidade no que estou fazendo. Isso também significa que nossas mentes são primitivas e que precisamos sair desse modo tribal de viver.

A mente humana possui potenciais que a máquina não possui, mas estes são potenciais, e precisam ser desenvolvidos. Nosso modo de vida, nossa educação, são direcionados para desenvolver a mente mecânica, a mente que mede, que compara uma coisa com outra e chega a uma conclusão. Isso é exatamente o que o computador está fazendo, a diferença é que o computador é muito mais eficiente do que a mente humana na capacidade de medir e concluir. A razão disso é que a mente humana tem outras complexidades que interferem na medição, e essa é a boa notícia. Nossa mente é capaz de discernir, o que o computador não é. O computador definiu formas de medir e não entende nada que esteja fora dessa linha de avaliação. A mente humana tem o potencial de sair do modo mecânico de pensar, que provou ser eficiente, mas não inteligente, portanto perigoso. Assim, a mente humana tem o potencial para a inteligência em seu significado real.

Criamos a Inteligência Artificial (IA), que é mecânica mas, como o nome já indica, é artificial, e não real. É como a brisa produzida por um ventilador, mesmo que nos alivie do calor nos dias quentes de verão, não pode ser comparado com a brisa real que entra quando abrimos a janela e o vento sopra. Assim, imitamos uma brisa para nos ajudar quando a verdadeira brisa não está disponível. Da mesma forma, a IA não pode substituir a inteligência real, que está latente em todo ser humano, e para despertar a inteligência precisamos do autoconhecimento.

Inteligência é outra palavra para sabedoria. Para que a inteligência venha a existir, precisamos deixar de lado o modo de vida mecânico. E é disso que trata a Teosofia, viver uma vida na qual a inteligência possa florescer. Ler livros não torna ninguém inteligente, isso todos nós sabemos. Ler livros nos dá conhecimento, informação, mas é a forma como usamos essa informação, esse conhecimento, que faz a diferença. Novamente, isso não é difícil de entender, porque temos visto pessoas que frequentam a mesma universidade, estudam os mesmos livros com os mesmos professores, mas alguns são bons no que fazem e outros não.

Para despertar a inteligência precisamos do autoconhecimento.

Para dominar qualquer coisa, precisamos entender esse assunto em particular. Por exemplo, se queremos olhar para o céu e ver as estrelas e planetas, fazemos uso de um telescópio bom e preciso. Sabemos que a qualidade e precisão do instrumento são essenciais para uma observação precisa, não discutimos sobre este fato, mas quando se trata de nossa própria mente, nós a negligenciamos, e pensamos que não é importante, que uma mente turva e distorcida poderá ver o mesmo que uma mente clara e precisa. Isso não é verdade.

O único instrumento através do qual vemos o mundo é nossa própria mente, e se esta for distorcida por preconceitos, dogmas e intolerância e seus subprodutos, tudo o que vemos estará contaminado por esses elementos e o resultado final será nebuloso e impreciso. Então a primeira coisa a fazer, o primeiro passo, é trabalhar no instrumento antes de nos aventurarmos a opinar. Mas isso é muito trabalho, e somos arrogantes demais para admitir que não temos clareza. E assim vamos criando cada vez mais confusão e desastre para nós e para todos neste malfadado planeta.

O início do autoconhecimento tem a ver com dominar os caminhos e o funcionamento de nossa própria mente. É também o caminho para a sabedoria, porque uma vez que compreendemos nossa mente, compreendemos toda a humanidade e, dessa compreensão, nasce a clareza. Da clareza nascem o amor e a compaixão. A humanidade chegou a um ponto em que não temos escolha, ou nos voltamos para dentro e empreendemos a jornada interminável do autoconhecimento, ou enfrentaremos tempos muito difíceis.

O início do autoconhecimento tem a ver com dominar os caminhos e o funcionamento de nossa própria mente.

É nossa responsabilidade limpar nossa mente de todas as distorções e degenerações criadas por crenças e preconceitos; ninguém na Terra ou no Céu pode fazer isso por nós. Temos que trabalhar duro e sacrificar o que está criando miséria no mundo. Na verdade, deveríamos largar de bom grado, mas em vez disso, chamamos de sacrifício, e isso acontece porque não vemos o sofrimento criado por um modo de vida egoísta.

A jornada do autoconhecimento é árdua, exige resistência e paciência, e não é um parque de diversões para quem busca entretenimento. Para quem está interessado em distrações, existem muitas formas de encontrá-las, criadas pela mente humana, existe toda uma indústria voltada para o entretenimento. Não faz sentido buscá-lo em lugares destinados aos que buscam entender as leis espirituais.

A jornada do autoconhecimento é árdua, exige resistência e paciência, e não é um parque de diversões para quem busca entretenimento.

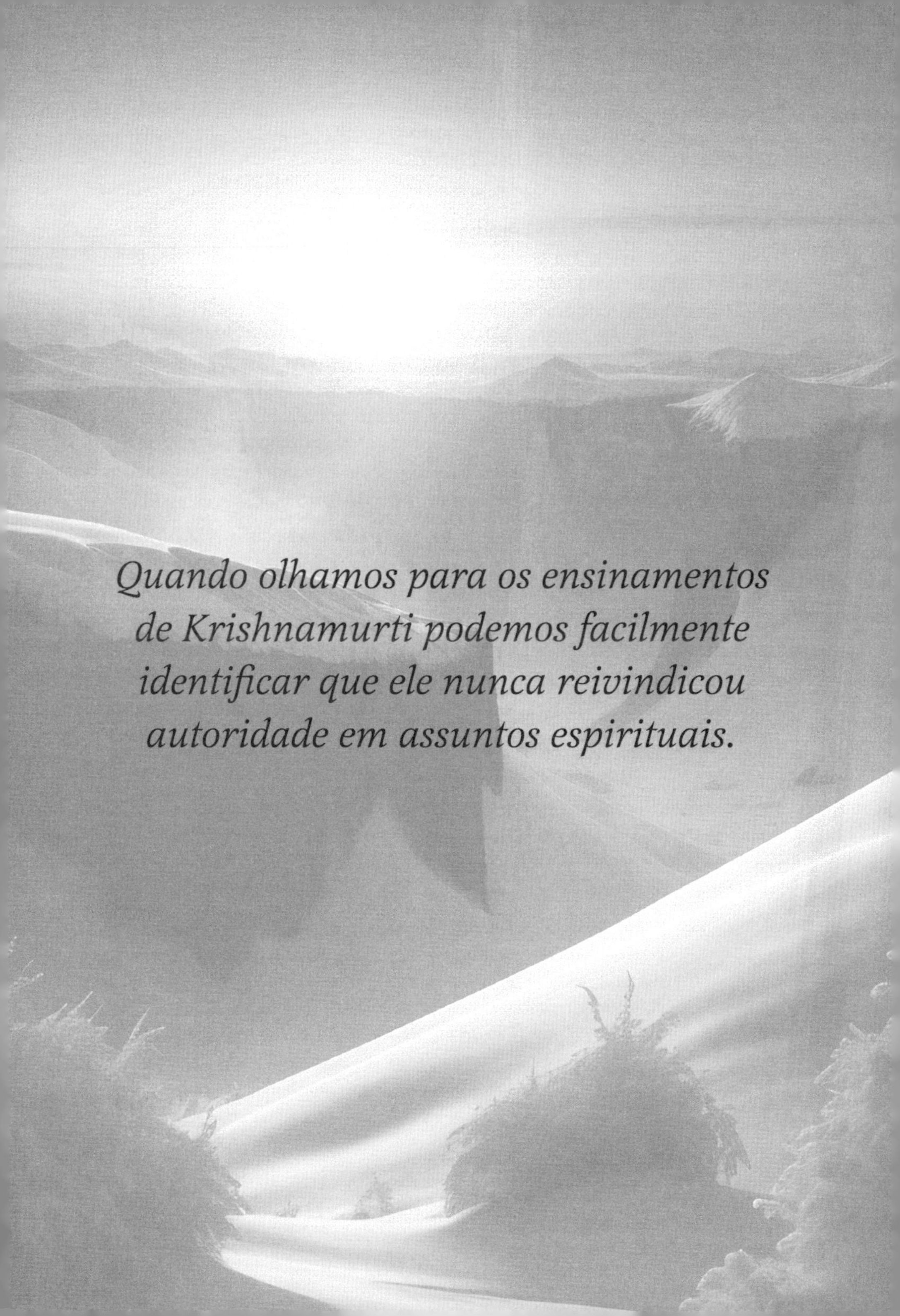

Quando olhamos para os ensinamentos de Krishnamurti podemos facilmente identificar que ele nunca reivindicou autoridade em assuntos espirituais.

CAPÍTULO 18

A RELEVÂNCIA DOS ENSINAMENTOS DE J. KRISHNAMURTI

Falar sobre a relevância dos ensinamentos de Jiddu Krishnamurti é uma tarefa quase impossível porque ele nos deu uma joia preciosa e pode não ser correto chamá-la, simplesmente, de ensinamentos. Eu diria que Krishnaji deu à humanidade a chave para resolver todos os problemas criados por uma mente egoísta, é a resposta às lágrimas de um mundo que sofre por incontáveis séculos esperando que as águas frescas da sabedoria descendam mais uma vez sobre um mundo de ignorância e escuridão.

Quando a Sociedade Teosófica foi formada no século XIX, Madame Blavatsky deixou claro que o propósito de tal Sociedade era trazer de volta, especialmente ao mundo ocidental, a possibilidade para a vida espiritual. Significa também que o acesso à sabedoria torna-se disponível para a humanidade. A tarefa antes da então nova tentativa era, e ainda é, ajudar a humanidade. Isso quer dizer que cada um de nós pode ir além da abordagem materialista da vida e cumprir o próprio destino como seres humanos puros.

Puro aqui significa estar em nossa plenitude, sem nenhum traço psicológico de comportamento animalesco, sem o "eu" e o "meu" que são o resultado da mente divisiva e portanto, egoísta. Blavatsky disse em uma *carta à Convenção Americana*, em 1888:

> *A tendência da civilização moderna é uma reação ao animalismo, ao desenvolvimento daquelas qualidades que conduzem ao sucesso na vida do homem como animal na luta pela existência animal. A Teosofia busca desenvolver a natureza humana no homem além do animal, e o sacrifício da animalidade supérflua que a vida moderna e os ensinamentos materialistas desenvolveram em um grau que é anormal para o ser humano neste estágio de seu progresso.*

Podemos ver pelo trecho acima que é hora da humanidade mudar e desenvolver nossa natureza espiritual sacrificando o egoísmo dentro de nós. HPB também deixou claro o que foi e ainda é o mais difícil e, no entanto, a maravilha mais esperada que a Sociedade ainda não realizou. Na mesma carta, ela escreve:

> *Isso nunca deve ser esquecido, nem o seguinte fato ser ignorado. No dia em que a Teosofia tiver cumprido sua missão mais sagrada e mais importante — a saber, unir firmemente um corpo de homens de todas as nações em amor fraterno e empenhados em um trabalho altruísta puro, não em um trabalho com motivos egoístas - nesse dia somente a Teosofia se tornará mais elevada do que qualquer irmandade nominal do homem. Isso será uma maravilha e um verdadeiro milagre, para a realização da qual a humanidade está esperando em vão nos últimos 18 séculos, e que todas as associações até agora não conseguiram realizar.*

Podemos ver que HPB deixou bem claro qual é a tarefa mais importante, e não podemos realizá-la com uma mente divisiva, com essa atitude horrível de "eu primeiro". Precisamos sacrificar esse "eu" para podermos, honestamente, nos sentirmos Irmãos.

Há outro conselho dado por ela que gostaríamos de trazer à tona. Na mesma *carta de 1888*, ela escreve:

> *Mas que nenhum homem estabeleça o papado em vez da Teosofia, pois isso seria suicídio e sempre termina de maneira fatal. Somos todos colegas estudantes, mais ou menos avançados; mas ninguém pertencente à Sociedade Teosófica deve se considerar mais do que, na melhor das hipóteses, um aluno-professor — alguém que não tem o direito de dogmatizar.*

Este é realmente um conselho importante, pois ela está claramente dizendo que não há autoridade em assuntos espirituais, que toda autoridade na terra sagrada do coração humano cria dogmas, que são oposto da Teosofia, e que ideias fixas não devem ser impostas a ninguém na Sociedade.

No livro *A Chave para Teosofia,* HPB fala com entusiasmo sobre a vinda do próximo portador da Verdade:

> *Além de uma grande e acessível literatura pronta para as mãos dos homens, o próximo impulso encontrará um corpo numeroso e unido de pessoas prontas para acolher o novo portador da Verdade. Ele encontrará as mentes dos homens preparadas para sua mensagem, uma linguagem pronta para revestir as novas verdades que traz, uma organização aguardando sua chegada, que removerá de seu caminho os obstáculos e dificuldades meramente mecânicos, materiais. Pense no quanto alguém, a quem é dada tal oportunidade, poderia realizar. (...) Se a Sociedade Teosófica sobreviver e viver fiel à sua missão, ao seu impulso original ao longo dos próximos cem anos – diga-me, eu digo, se eu for longe demais ao afirmar que a Terra será um paraíso no século XXI em comparação com o que é agora!*

HPB sabia que um novo Mestre estava por vir e também sabia que o trabalho da ST em seus dias era o de limpar a casa — a mente humana — do materialismo pesado e de superstições, para que novos ensinamentos tivessem mais chance de serem compreendidos. Com tudo isso em mente, podemos ver que a ST existe para o aperfeiçoamento do ser humano, para o crescimento do humano em nós, e nunca teve a intenção de glorificar personalidades, criar idolatria e, portanto, dogmatismo.

Quando olhamos para os ensinamentos de Krishnamurti podemos facilmente identificar que ele nunca reivindicou autoridade em assuntos espirituais, pelo contrário, no livro de Mark Lee, *World Teacher, the Life and Teachings of J. Krishnamurti*, ele diz:

> *Eu não estou me estabelecendo como uma autoridade para lhe dizer o que fazer porque não acredito em autoridade em assuntos espirituais. Toda autoridade é má; e todo senso de autoridade deve cessar, especialmente se quisermos descobrir o que é Deus, o que é verdade, se há algo além da mera medida da mente.*

A citação acima é apenas um pequeno exemplo da relevância dos ensinamentos de Krishnamurti. A humanidade está pronta para crescer, para largar todas as muletas e caminhar com desenvoltura.

Vivemos em um mundo com amplo desenvolvimento no campo tecnológico, e não podemos lidar com todos os desafios criados pela tecnologia com a mesma mente primitiva e tribal que divide o mundo em muitos. Não houve um momento na história humana conhecida, em que a urgência da mudança fosse tão evidente como é agora. Não podemos mais ignorar os fatos, e os ensinamentos de Krishnamurti têm uma grande importância para este momento da vida humana na Terra, pois pela primeira vez temos a possibilidade de entender o que somos e o mundo criado por nosso modo de vida.

Krishnaji traz uma revolução para nós. Ele não estabelece novas filosofias ou cria novos conceitos sobre a vida, simplesmente aponta para o que está acontecendo dentro de cada um de nós; seus ensinamentos são puramente psicológicos. Sua abordagem é direta e simples, ele não está tentando convencer ninguém de nada, e a seguinte citação é um exemplo de como ele se apresenta: "Nisto não há professor, não há aluno; não há líder; não há guru; não há Mestre, nem Salvador. Você mesmo é o professor e o aluno; você é o mestre; você é o guru; você é o líder; você é tudo. E compreender é transformar o que é."

Krishnaji traz uma revolução para nós. Ele não estabelece novas filosofias ou cria novos conceitos sobre a vida, simplesmente aponta para o que está acontecendo dentro de cada um de nós.

A humanidade seguiu e acreditou desde o início dos tempos, e agora chegou o momento em que precisamos andar sem muletas. É hora de nos conhecermos, de vermos diretamente o tipo de mundo que criamos. Só podemos mudar o mundo se transformarmos o que somos. Não há como pessoas espiritualmente cegas, que não podem ver claramente, serem capazes de trazer clareza ao mundo. Krishnaji trabalha com o básico, o primeiro passo, como ele mesmo disse quando perguntado:

> *P.: Por que seu ensino é tão puramente psicológico? Não há cosmologia, nem teologia, nem ética, nem estética, nem sociologia, nem ciência política, nem mesmo higiene. Por que você se concentra apenas na mente e em seu funcionamento?*
>
> *K.: Por uma razão muito simples, senhor. Se o pensador puder compreender a si mesmo, então todo o problema estará resolvido. Então ele é criação, ele é realidade, e então o que ele fizer não será antissocial. A virtude não é um fim em si mesma; a virtude traz liberdade, e só pode haver liberdade quando o pensador, que é a mente, cessa.*

Só podemos mudar o mundo se transformarmos o que somos; não há como pessoas espiritualmente cegas, que não podem ver claramente, serem capazes de trazer clareza ao mundo.

Entender a nós mesmos é o primeiro passo, autoconhecimento é o que precisamos para entendermos nossas escolhas e, portanto, para entendermos o mundo. Há mais de dois mil anos os gregos já diziam: "Homem, conhece-te a ti mesmo e conhecerás os deuses e o Universo". HPB também apontou, no prefácio de *A Voz do Silêncio,* que a menos que um homem persevere seriamente na busca do autoconhecimento, ele nunca dará ouvidos a conselhos de natureza espiritual.

Não há outra maneira de ver com clareza, precisamos afiar o instrumento que temos, que é a nossa própria mente. Não podemos esperar ter uma abordagem holística da vida enquanto nossa mente for divisiva. Quando olhamos através de lentes cor-de-rosa veremos tudo cor-de-rosa. Da mesma forma, se tivermos uma mente divisiva, veremos apenas parcialmente, não há possibilidade de vermos o todo, portanto, o primeiro passo é o autoconhecimento. Toda a vida de K. foi dedicada a apontar o que somos e como estamos criando o mundo em que vivemos.

Krishnaji fala sobre uma mudança que precisa ocorrer em nós, ele não está preocupado em mudar o mundo trabalhando externamente, ele fala sobre ver o que somos, estar ciente de nosso processo de pensamentos, de onde eles vem, como reagimos e como somos escravos de nossos próprios pensamentos. Ser livre é entender e deixar ir.

Algum tempo atrás me deparei com uma pequena passagem na *Doutrina Secreta* que chamou minha atenção. A citação a seguir esclarece a importância do campo da psicologia para o próximo passo do desenvolvimento humano.

> *Como afirmado no Livro I, as humanidades desenvolveram-se coordenadamente e em linhas paralelas com os quatro Elementos, cada nova Raça sendo fisiologicamente adaptada para encontrar o elemento adicional. Nossa Quinta Raça está se aproximando rapidamente do Quinto Elemento – chame-o de éter interestelar, se preferir – que tem mais a ver, no entanto, com psicologia do que com física.*

Cada vez que a humanidade enfrenta novos desafios, vem um sábio para nos ajudar a cruzar as águas da vida. Agora podemos ver claramente que precisamos entender nossa própria psique. Sem nos entendermos, seremos comandados por computadores e robôs. Podemos ver o que está acontecendo com as mídias sociais, estamos sendo controlados por um telefone celular. Grandes empresas estão usando nossa ignorância sobre nós mesmos para manipular nossa atenção e até mesmo nossos gostos e desgostos. Houve um aumento no número de suicídios entre adolescentes em todo o mundo. Não sabemos como lidar com nossos filhos.

O mundo está mudando rapidamente e nossas mentes, psicologicamente, são as mesmas há milhares de anos. Continuamos agressivos e prontos para lutar com menor provocação. Ainda acreditamos que a guerra é um mal necessário. Nossa educação não está ajudando nossos filhos a entender o mundo que estamos criando para eles viverem. Nossos problemas estão aumentando dia a dia e somos incapazes de entendê-los. Não os compreenderemos a menos que compreendamos a mente que os criou. Krishnaji disse que é impossível resolver um problema com a mesma mente que o criou. Isso significa que não podemos resolver os problemas criados por uma mente divisiva e egoísta com a mesma abordagem divisiva e egoísta que é o problema em si. Tem que haver um grupo de pessoas com a mente e o coração novos, capazes de uma vida universal.

Não podemos resolver os problemas criados por uma mente divisiva e egoísta com a mesma abordagem divisiva e egoísta que é o problema em si.

Algumas pessoas dizem que os ensinamentos de Krishnaji não são práticos, diríamos que uma mente egoísta e egocêntrica está procurando algo que satisfaça seus próprios propósitos, portanto, qualquer coisa que seja completa nunca poderá ser prática para uma mente divisiva. A solução de todos os problemas está em compreender seu criador, e portanto, pará-lo. E isso significa ter uma mente quieta, livre de desejos de qualquer natureza.

Recentemente, vi uma entrevista com um escritor famoso, Yuval Noah Harari[14], que dizia que o maior problema atualmente é que o mundo não tem líderes, que o mundo está tentando entender o que está acontecendo,

14 É um professor israelense, nascido em 1976, autor do best-seller internacional *Sapiens: Uma breve história da humanidade*, dentre outros livros. Nota da ed. bras.

como lidar com a inteligência artificial, e a direção que estamos tomando. Harari também diz que agora, mais do que nunca, a humanidade precisa de pessoas sábias para ver o cenário como um todo e nos ajudar a atravessar com segurança o mar turbulento de incertezas e desafios sem precedentes na história humana. É óbvio que uma mente egoísta e egocêntrica não pode ver o todo e, portanto, não é capaz de ajudar a humanidade a encontrar seu caminho e mudar o foco do externo para o interno, pois essa é a única maneira de sairmos da confusão criada pelo "eu" e "meu".

A ignorância tem em si as sementes da destruição, e é simples de entender, pois uma pessoa ignorante pode ver apenas em fragmentos. Mas tudo o que ele faz afeta o todo, mesmo que não seja visto, porque se não vemos o Sol em um dia nublado, não significa que ele não esteja lá. Então a ação que nasce da ignorância está focada no que as limitações daquela pessoa permitem que ela veja, mas os efeitos dessa ação vão reverberar no todo, e quando a reação subsequente do todo acontecer, não podemos entender de onde vem.

A ignorância tem em si as sementes da destruição, e é simples de entender, pois uma pessoa ignorante pode ver apenas em fragmentos.

Um bom exemplo disso é a devastação das florestas ao redor do globo. Os seres humanos não sabem o que estão destruindo. Eles cortam árvores e pensam que isso é tudo o que estão matando, mas há muito mais do que nossos olhos podem ver. Podemos plantar árvores, mas nunca poderemos trazer de volta os ecossistemas que nem sabemos quanto tempo levam para se desenvolver, portanto podemos plantar árvores, mas nunca poderemos plantar uma floresta.

Hoje não basta saber que a vida é sutil e que o plano físico é apenas uma pequena parte de algo que não pode ser medido; hoje, para não nos destruirmos, precisamos iniciar a jornada para dentro, uma jornada que não tem começo nem fim, e a medida que nos enxergamos, entenderemos que a vida é um mistério e uma dádiva que nunca pode ser descrita. Como disse Krishnamurt,i em *The Collected Works — 1954-1965.*

> *O orador é apenas uma caixa de ressonância, ele não é importante. Ele está mostrando como ouvir a si mesmo, e se você souber ouvir a si mesmo, poderá fazer uma jornada sem fim, uma jornada que penetra fundo, vai além de Marte. Da compreensão de si mesmo vem a ordem, a virtude, a cessação do conflito, e nesse estado há grande beleza.*

Que Krishnaji é um exemplo vivo de alguém que viveu a Teosofia, não temos dúvidas, mas nossa capacidade de ver a relevância e a beleza de tal vida depende de nossa capacidade de ouvir. Se estamos dispostos a abraçar essa jornada sem fim, depende de nós. Lembrando o que foi dito em *O Idílio do Lótus Branco*, de Mabel Collins[15]: "Cada homem é seu próprio legislador absoluto; o dispensador de glória ou miséria para si mesmo; o decretador de sua vida, sua recompensa, seu castigo".

15 Mabel Collins (1851 - 1927), foi uma escritora britânica, teosofista e defensora dos direitos dos animais. Nota da ed. bras.

Quando Krishnamurti diz que não há caminhos para a Verdade, nos sentimos perdidos porque estamos acostumados com a ideia de que existem muitos caminhos e que só precisamos escolher um que nos agrade e finalmente alcançaremos ou vamos adquirir a Verdade.

CAPÍTULO 19
TERRA SEM CAMINHO

Além das ideias de certo e errado, existe um campo.
Te encontro lá.
Rumi (1207-1273), poeta e teólogo sufi persa

Krishnamurti disse: "Eu afirmo que a Verdade é uma terra sem caminhos, e você não pode aproximar-se dela por nenhum caminho, por nenhuma religião, por nenhuma seita. Esse é o meu ponto de vista, e eu o adiro a ele, absoluta e incondicionalmente." Foi difícil para as pessoas ao seu redor entender ou mesmo ouvir o que ele dizia. A primeira vez que entramos em contato com seus ensinamentos, não entendemos o que ele quer dizer quando diz que a Verdade não pode ser alcançada por nenhum caminho. Como a maioria de nós está acostumada a seguir, pensamos em termos de caminhos que nos levarão ao que buscamos. Mas Krishnaji traz uma nova perspectiva para tudo que pensamos saber.

A primeira coisa a ver é que tudo o que pensamos saber, no campo da jornada interior, ou espiritual, não pode ser a Verdade. Isso ocorre porque tentamos explorar o sutil, o mundo interior, com as mesmas ferramentas que usamos no mundo material grosseiro. Esse é um erro comum que cometemos sem perceber que, antes de iniciar a jornada interior, precisamos de equipamentos adequados. Quando vamos a um lugar frio nos certificamos de levar conosco roupas apropriadas para um clima frio. Da mesma forma, antes de iniciar a jornada interior, ou espiritual, é bom entender o que significa pisar na terra sagrada que nenhum homem pode descrever, simplesmente porque o mundo interior é um mundo de silêncio, onde não há lugar para palavras e as opiniões apenas serram a porta para tal mundo.

Tentamos explorar o sutil, o mundo interior, com as mesmas ferramentas que usamos no mundo material grosseiro. Esse é um erro comum que cometemos sem perceber que, antes de iniciar a jornada interior, precisamos de equipamentos adequados.

A maioria de nós quer o melhor dos dois mundos, como já vimos, recusando-nos a entender que não se pode viver uma vida espiritual e ao mesmo tempo ser uma pessoa mundana. Talvez seja importante falar um pouco sobre o que significa viver uma vida espiritual. Algumas pessoas acreditam que o que é espiritual para alguns pode não ser para outros. Este pode ser o caso quando falamos de opiniões, mas quando se trata de compreensão real, a realização do mundo espiritual, não existe algo como eu e você e, portanto, não há realização diferente da Verdade para pessoas diferentes. Cada instrutor realizado ensinou a mesma coisa de maneiras diferentes, de acordo com o tempo e a linguagem disponíveis durante a vida dessa pessoa em particular. Embora às vezes esses ensinamentos possam parecer diferentes, a maioria dessas diferenças é criada pela interpretação, que sempre é uma distorção do que foi ensinado, portanto, não pode ser tomada como verdadeira.

Também é importante entender o motivo das interpretações estarem fadadas ao erro: não podemos ver o que a pessoa viu e, portanto, interpretamos com base em nossas crenças e preconceitos. As interpretações são como olhar para algo usando lentes enlameadas, a lama vai distorcer a percepção do que estamos tentando ver, assim como os preconceitos e crenças distorcem as interpretações. Assim, deve-se estar sempre ciente do perigo das conclusões que alguns tentam impor. Outro aspecto importante é entender que temos que ver por nós mesmos e que uma pessoa realizada só é capaz de apontar que existe um outro modo de vida. Mas viver de uma maneira diferente é completamente diverso de falar sobre isso, ou mesmo entendê-lo. Enquanto não mudarmos e jogarmos fora todas as lentes através das quais olhamos para a vida, as descrições têm pouco ou nenhum valor.

As interpretações são como olhar para algo usando lentes enlameadas, a lama vai distorcer a percepção do que estamos tentando ver, assim como os preconceitos e crenças distorcem qualquer interpretação.

"Espiritual" significa sutil e bom por natureza. O que é inteiro, não dividido. Portanto, uma vida espiritual é deixar de lado todas as divisões e senso de separação, que é criado pela ideia de "eu" e "meu". Para viver uma vida espiritual, a noção egocêntrica, que cria o ego, deve ser compreendida e deixada para trás.

Quando Krishnamurti diz que não há caminhos para a Verdade, nos sentimos perdidos porque estamos acostumados com a ideia de que existem muitos caminhos e que só precisamos escolher um que nos agrade e finalmente alcançaremos ou vamos adquirir a Verdade. A tendência da mente é pular de um extremo ao outro, então, ou voltamos nossa atenção para seguir um caminho ou abraçamos a desatenção.

O que Krishnamurti está mostrando é que seguir um caminho ou seguir alguém torna a mente embotada, e que precisamos de uma mente afiada para ver claramente. Portanto, o movimento é deixar de seguir, para que possamos desenvolver nossa capacidade de olhar a vida através de nossa própria compreensão, por mais pobre que esta possa ser. Se começarmos a partir daí, nossa mente começa a se tornar alerta, pois sabemos que não há ninguém para nos dizer o que fazer, ou o que é certo ou errado, precisamos descobrir por meio do nosso próprio entendimento.

Isso não significa que não possamos ouvir o que outros têm a dizer, pelo contrário, a capacidade de ouvir é importante no processo de compreensão. Ouvir aqui não significa seguir, significa que estamos vazios de conclusões e prontos para considerar, refletir sobre o que está sendo dito. O ato de puro escutar não é fácil, pois estamos carregados de ideias e formulações preconcebidas. E uma mente que pensa que sabe não está aberta para aprender.

A verdade é uma dessas coisas que ouvimos as pessoas falar a respeito mas não entendemos realmente o que significa. Quando um Ser realizado está falando sobre a Verdade, ele está falando sobre a capacidade de olhar a vida através de uma mente livre. Com uma mente que não tem crenças ou ilusões. Ele não está falando de um fato específico como sendo a Verdade, mas de uma mente clara que é capaz de perceber *o que é*, sem interpretações.

Uma mente que pensa que sabe não está aberta para aprender.

Quando um Ser realizado está falando sobre a Verdade, ele está falando sobre a capacidade de olhar a vida através de uma mente livre.

Quando a afirmação "a Verdade é uma terra sem caminhos" foi feita pela primeira vez, foi difícil entender que a Verdade é nova a cada momento, que não existe uma verdade estagnada. Como pode haver um caminho para algo que está se movendo, mudando a cada momento? Um caminho sendo algo bem definido que nos leva a um lugar fixo e conhecido, não pode nos levar a algo que não tem lugar definido ou forma conclusiva, ao sempre desconhecido. Estando em constante movimento, não se repete. Para ser ainda mais explícito, a Verdade está sempre no aqui e no agora, e não podemos vê-la porque nos recusamos a olhar. Por outro lado, um caminho é algo que está nos afastando do momento presente; esperamos que nos leve a um lugar ou situação, no futuro.

Quando imaginamos ser possível encontrar a Verdade em algum lugar no futuro, na verdade estamos nos afastando dela e nunca seremos capazes de vê-la. Isso parece uma coisa difícil de entender: ou a enxergamos agora ou não a veremos de forma alguma. Pois, como a Verdade, a vida está em constante fluxo, nunca é a mesma; nós também mudamos e nunca podemos repetir uma experiência. Por mais que tentemos, é simplesmente impossível. Se considerarmos tudo isso, veremos que não pode haver caminho para a Verdade.

O que podemos e devemos fazer é nos ocupar com a clareza da mente, em identificar os bloqueios que estão obstruindo o Sol a brilhar e iluminar o mundo de escuridão criado pela falta de percepção clara. Ver as barreiras erguidas por nossa própria mente cria consciência, traz atenção. Não atenção a algo, mas um estado de atenção que deixa a mente alerta, afiada. Esse estado de alerta é vital para evitar a construção de novas barreiras e destruir as já existentes.

Nesse processo não há seguir e não há o apoiar-se em alguém. Requer força para caminhar sozinho, não ser influenciado por ninguém, por nenhum líder ou ensinamento. Isso não significa que precisamos parar de ler livros ou ouvir ensinamentos e sim que precisamos aprender sobre nós mesmos, para limpar nossa percepção. Para aprender sobre nós mesmos, precisamos aprender a olhar para o que está acontecendo em nossa própria mente.

Para aprender sobre nós mesmos, precisamos aprender a olhar para o que está acontecendo em nossa própria mente.

As conclusões são inimigas do estado de espírito em que a aprendizagem é possível.

A mente é o instrumento pelo qual percebemos *o que é*, e se a mente estiver carregada de conhecimento, perceberemos o mundo através desse conhecimento; portanto, não haverá percepção direta. Por exemplo, se acreditamos em reencarnação, essa crença vai contaminar nossa compreensão da vida, mas se não sabemos se há ou não há reencarnação, não afirmamos que há ou não, então estamos em um estado que nos permite explorar o assunto e talvez descobrir a Verdade sobre ele. Acreditar ou negar é o mesmo movimento, nele chegamos a uma conclusão e a partir dela agimos. As conclusões são inimigas do estado de espírito em que a aprendizagem é possível.

Outro aspecto importante a considerar é que uma mente que está constantemente concluindo, está em busca de certezas sobre tudo. Tal mente é incapaz de ver a Verdade. Uma mente que mantém conclusões torna-se rígida, portanto incapaz de ver e deixar fluir, pois as conclusões são o ato desesperado de quem procura por controle, e acredita que concluindo e afirmando o encontrará, assim a mente se sente em segurança. O que não vemos é que é essa necessidade de controle que está criando desordem no mundo.

As conclusões são o ato desesperado de quem procura por controle.

Quando procuramos um caminho a seguir para chegarmos à Verdade, procuramos por certezas, um caminho seguro, por acreditarmos que a Verdade possa ser abordada com o mesmo tipo de mente que é especialista em evitá-la. Cada conclusão que temos é uma barreira erguida contra a Verdade. Para ver claramente, a primeira coisa a perceber é que não temos clareza e precisamos descobrir quais são as barreiras que a impedem.

Por muito tempo acreditamos que necessitamos fazer algo para clarear nossa mente; que precisamos cultivar consciência, atenção e virtudes para ter clareza, porém não percebemos que consciência, atenção e virtudes são subprodutos de uma mente clara. O que não vemos é que essas qualidades não podem ser cultivadas como grãos no campo. Essas têm sido as nossas dificuldades, porque queremos entrar na arena do sutil, do maleável, do campo sagrado da paz e do silêncio, com a mesma atitude grosseira e barulhenta que aplicamos no mundo material denso. É simplesmente impossível, é como tentar manter um elefante em uma casa de vidro.

A primeira coisa a perceber é a necessidade de entender a nós mesmos, como esse sentimento de que existe uma entidade separada chamada "eu" surgiu e como essa ideia mantém sua estrutura. Pois se isso não for visto e compreendido, então não há possibilidade para a clareza vir a existir. Krishnaji também diz que, para ir longe, precisamos começar perto. Isso não é difícil de entender, uma vez que uma caminhada começa com o primeiro passo. Ou damos esse primeiro passo ou não há caminhada.

> Para ir longe, precisamos começar perto.

O ponto de partida é geralmente o mais difícil porque requer grande quantidade de energia para mudar a direção e superar a inércia. Sendo uma tarefa difícil, tentamos evitá-la e pensamos que é possível saltar para a linha de chegada. O que nos escapa é algo que Krishnaji também apontou: "o primeiro passo é o último passo". Portanto, não há como evitar o trabalho árduo necessário de conhecermos a nós mesmos.

Autoconhecimento é essencial a cada passo, e mesmo assim é o assunto mais evitado. Antes de Cristo dar seus ensinamentos, há mais de dois mil anos, os gregos apontavam para a sua total importância, diziam: "Homem, conhece-te a ti mesmo e conhecerás os deuses e o Universo". Mas evitamos o conselho dado a todo ensinamento que aponta nessa direção. Nós nos apegamos à ideia de que é possível sermos completamente ignorantes sobre o básico e ainda assim sermos conhecedores dos assuntos mais elevados sobre a vida e o Universo. É como uma criança que se recusa a ir à escola e aprender sobre a arte de ler e escrever, mas deseja se tornar um cientista.

Olhar para dentro e entender o funcionamento da mente é o começo da sabedoria. Ver o que somos, na realidade, é difícil e doloroso; porém um passo inevitável, que não pode ser ignorado por quem está cansado das coisas da mente. O mundo criado pela ignorância de nossos motivos e desejos ocultos deve ser entendido antes que possamos falar honestamente sobre paz na Terra e fraternidade entre as pessoas.

> Olhar para dentro e entender o funcionamento da mente
> é o começo da sabedoria.

Falar de amor e compaixão e ao mesmo tempo ser descuidado e cruel é uma contradição à qual a maioria de nós está presa. É uma lei da Natureza que pessoas ignorantes, aquelas que não se conhecem, falam sobre o que precisam entender, sobre o que não conseguem ver em si mesmas. Rumi diz: "Ontem eu era esperto, então queria mudar o mundo. Hoje sou sábio, então estou mudando a mim mesmo."

A vontade de mudar o mundo vem da falta de autoconhecimento, do desconhecimento do básico, que são nossos próprios descaminhos e conflitos. O autoconhecimento é o primeiro e último passo no caminho da sabedoria. Ele derruba os muros da separação, as barreiras que impedem a Verdade de fluir. A verdade não é algo distante do nosso cotidiano, não é algo que precisamos adquirir, está sempre aqui e agora. Nossa dificuldade é que a estamos procurando nos lugares errados. Somos como o homem que perdeu seu tesouro em um canto escuro e o procura em um lugar onde há luz porque é mais fácil de procurar, porém onde nunca poderá ser encontrado.

A vontade de mudar o mundo vem da falta de autoconhecimento, do desconhecimento do básico, que são nossos próprios descaminhos e conflitos.
O autoconhecimento é o primeiro e o último passo no caminho da sabedoria.

Enfrentar o fato de que não há problema no mundo além dos criados pela mente é de fundamental importância se quisermos iniciar o caminho que conduz à liberdade. Estar livre da ilusão da separação, que significa estar livre da ideia de que somos diferentes do mundo, é o começo da clareza. Reconhecer que criamos o caos atual no mundo e que estamos continuamente contribuindo para o aumento da miséria no mundo é uma pílula difícil de engolir. A verdade não traz conforto, não se compromete para caber em nossas esperanças e expectativas. Antes que alguém possa realizar a Verdade, toda esperança e expectativas precisam ser abandonadas.

A verdade não traz conforto, não se compromete para caber em nossas esperanças e expectativas.

No quadro, da esquerda pra direita:

No canto esquerdo, Colonel Henry Steel Olcott (Presidente fundador), Annie Besant (2ª presidente) e C. W. Leadbeater. Em seguida, temos William Quan Judge, Mestre Kutumi, Mestre Moria e Srª Blavatsky estes estão atrás de Krishnamurti, bem interessante, viveram antes dele. Mais afastados, estão Rukimini e seu marido, George Sydnei Arundale (3º presidente). Perto do palanque o terceiro homem, Curuppumullage Jinarajadasa (4º presidente), ao seu lado estão, Sri Ram (5º presidente) e sua filha Srª Radha Burnier (7ª presidente). Atrás deles está John Coats (6º presidente) e na extrema direita, Dalai lama com o atual presidente Sr. Tim Boyd.

Nossa gratidão ao Sr. Otavio Marchesine, presidente da Sociedade Teosófica, pela concordância em divulgarmos a imagem desta bela pintura que se encontra na sede nacional da ST. Uma curiosidade, o quadro chegou à ST como um presente anônimo.

"Eu afirmo que a verdade é uma terra sem caminhos, e vocês não podem alcançá-la por nenhum caminho, qualquer que seja, por nenhuma religião, por nenhuma seita. Esse é o meu ponto de Vista, e eu o confirmo absoluta e incondicionalmente."

J. Krishnamurti

"Em tempos antigos sempre houve um grupo de pessoas que livres da ambição e da autoridade, das amarras da ganância e da má vontade, ajudaram a afastar a sociedade da degradação espiritual e moral. Quanto maior o grupo, maior a segurança da sociedade, do Estado e, por isso, apenas um ou dois países, como a Índia, sobreviveram. Porque há pouquíssimas pessoas que não estão presas na turbulência do mundo, vocês estão em uma crise extraordinária."

Krishnamurti
Madras, 26 de outubro de 1947,
The Collected Works, Vol. IV.

REFERÊNCIAS BIBLIOGRÁFICAS

Annie Besant — Struggles and Quest, de Muriel Pecastaing-Boissiere, 2017.

Beyond Violence, The Religious Mind, J. Krishnamurti, KFI, 2002.

O Caminho do Autoconhecimento, Radha Burnier, Ed. Teosófica, 2018.

Carta à Quinta Convenção Anual da Seção Americana em 26-27 de abril de 1891, H. P. Blavatsky.

Cartas dos Mahatmas, A. P. Sinet, Volumes 1 a 3, Editora Teosófica, 2001.

A Chave Para a Teosofia, H. P. Blavatsky, Ed. Teosófica, 2018.

The Collected Works of J. Krishnamurti. Vol. IV, 1947.

The Collected Works of J. Krishnamurti — 1954-1965.

A Doutrina Secreta, H. P. Blavatsky, Volumes 1 a 6, Ed. Pensamento, 1973.

Education and the Significance of Life, J. Krishnamurti, 2008.

The Key to Theosophy Madame Blavatsky, H. P. Blavatsky, Theosophy Trust Books, 2007.

O Idílio do Lótus Branco, de Mabel Collins, Ed. Teosófica, 2019.

In the presence of Krishnamurti: Mary's unfinished book, Mary Zimbalist, Holistic Education, Inc., 2016.

A Jewel on a Silver Plater, Padmanabhan Krishna, 2015.

Jornal Lucifer, de outubro de 1887.

Ocultismo Prático, H. P. Blavatsky, Ed. Teosófica, 2006.

Aos Pés do Mestre, J. Krishnamurti, Ed. Pensamento, 1997.

The Real Crisis, de J. Krishnamurti.

The Theosophist, de março de 1986.

A Voz do Silêncio, H. P. Blavatsky, Ed. Pensamento, 2010.

William Boulting, Giordano Bruno: His Life, Thought, and Martyrdom, 1916.

World Teacher— Life and Teachings of J. Krishnamurti, Mark Lee, Hay House India, 2010.

Autoconhecimento - terra sem caminho
Editora PRÓ-CONSCIÊNCIA®
Formato 14,8 x 21 cm
Brasília/DF | Brasil
SATYAMEVA JAYATE
सत्यमेव जयते
SOZINHA, A VERDADE TRIUNFA!